EN VENTE A LA MÊME LIBRAIRIE

BEL KASSEM BEN SEDIRA, professeur à l'école supér. des lettres d'Alger, assesseur à la Cour, etc.

Petite Grammaire arabe de la langue parl PREMIER LIVRE *(Alphabet et Syllabaire)* : 25 leçons, 2. à l'usage des écoles primaires et des classes élémen les lycées et collèges. 1 vol. in-18, cartonné. **1**

Cours pratique de langue arabe, à l'usage des éc primaires ; 3e édition, revue et augmentée. 1 vol. in-18 ang relié percaline. **3**

Cours de littérature arabe, *sujets de versions* tirés Mostratref, des Mille et une Nuits, des Fables de Bidpaï, Prairies d'or, etc., muni des voyelles et suivi du *vocabulair tous les mots* contenus dans le texte, à l'usage des aspirants prime, au baccalauréat et des candidats interprètes. 1 vol. in relié percaline. **10**

Dialogues français-arabes de ROLAND DE BUSSY ; 2e tion, refondue et augmentée de 120 pages. 1 vol. in-32, r percaline. **3**

Dictionnaire français-arabe *de la langue parlée en Alg* à l'usage des lycées et des écoles primaires ; 4e édition, rev corrigée et considérablement augmentée. 1 vol. in-32, r percaline. **5**

Dictionnaire arabe-français *de la langue parlée en Algé* contenant les mots et les formules employés dans les lettre les actes judiciaires. 1 vol. de XVI-608 pages in-32, relié p caline. **5**

Cours de Langue kabyle *(dialecte Zouaoua)*, gram versions, contes, fables, etc. 1 vol. in-18, relié percaline. **8**

DUCRET, ancien instituteur à Alger.

Cahiers d'écriture arabe, réglés, avec modèles gra et gradués. Nos 1, 2, 3, 4, 5, 6, 7 et 8. (La méthode sera co tenue dans 10 cahiers). *Alger, typ. et lith. A. Jourdan.* Cha cahier. **15**

HANOTEAU, C. ❀, général du Génie.

Essai de Grammaire kabyle, renfermant les principes du langage parlé par les populations du versant nord du *Jurjura* et spécialement par les *Igaouaouen* ou *Zouaoua*, suivi de notes et d'une notice sur quelques inscriptions en caractères dits *tifinar'* et en langue *tamacher't*. 1 vol. in-8°. **15 fr.**

MACHUEL (L.), ❀, Directeur de l'enseignement public en Tunisie. ex-professeur d'arabe au collège arabe-français de Constantine, au lycée d'Alger et à la chaire publique d'Oran.

Une première année d'arabe, à l'usage des classes élémentaires des lycées, des collèges, des écoles primaires de l'Algérie, etc. ; 2e édition. 1 vol. in-18, cartonné. **1 fr. 50**

Méthode pour l'étude de l'arabe parlé (idiome algérien) ; 4e édition, revue et augmentée. 1 vol. in-18, relié percaline. **5 fr.**

Grammaire élémentaire d'arabe régulier, contenant : *lecture et écriture, parties du discours, conjugaison, nom, genre, nombre, déclinaison, articles, pronoms, particules, noms de nombre, formation des différents noms (substantifs et adjectifs)*, etc., etc. 1 vol. in-8° écu, relié percaline. **5 fr.**

Manuel de l'arabisant ou *Recueil de pièces arabes* (Première partie). Lettres administratives, judiciaires, politiques, etc. 1 vol. petit in-8°, relié percaline. **6 fr.**

Manuel de l'arabisant ou *Recueil de pièces arabes* (Deuxième partie). Actes divers pourvus de toutes les voyelles. 1 vol. petit in-8°, relié percaline. **6 fr.**

Les Voyages de Sindebad le Marin, texte arabe extrait des *Mille et une Nuits*, muni de toutes les voyelles, accompagné d'un vocabulaire et de notes analytiques ; 2e édition. 1 vol. in-18, relié percaline. **5 fr.**

AHMED BEN KHOUAS.

Notions succinctes de Grammaire kabyle, rédigées sous la direction du sous-préfet de Tizi-Ouzou (1881). 1 vol. in-32, cartonné. **1 fr.**

GRAMMAIRE
ÉLÉMENTAIRE
D'ARABE RÉGULIER

OUVRAGES DU MÊME AUTEUR

MÉTHODE POUR L'ÉTUDE DE L'ARABE PARLÉ (idiome algérien), etc., etc... 4e édition, revue et augmentée. *Alger, imp. A. Jourdan.* 1 vol. in-12, relié percaline . . . . 5 fr.

UNE PREMIÈRE ANNÉE D'ARABE, à l'usage des classes élémentaires des lycées, des collèges et des écoles primaires. *Alger, typ. et lith. A. Jourdan.* 1 vol. in-12, cartonné (2e édition) . . 1 fr. 50

VOYAGES DE SINDEBAD LE MARIN (les), texte arabe extrait des *Mille et une Nuits,* muni de toutes les voyelles, accompagné d'un vocabulaire et de notes analytiques. Belle édition ; chaque page est encadrée d'un double filet vermillon. *Alger, imp. A. Jourdan.* 2e édition, revue et corrigée. 1 vol. in-12, relié percaline. . 5 fr.

MANUEL DE L'ARABISANT ou *Recueil de pièces arabes.* Lettres administratives, judiciaires, politiques, etc., précédées d'un formulaire et suivies d'un vocabulaire. *Alger, imp. A. Jourdan.* 1 vol. petit in-8°, relié percaline. . . . . 6 fr.

RECUEIL D'ACTES JUDICIAIRES, renfermant 138 actes divers, provenant des trois provinces de l'Algérie, de la Tunisie et du Maroc, accompagné d'un vocabulaire et de notes. *Alger, lithographie A. Jourdan.* 1 vol. petit in-8°, relié percaline. . . . . . 6 fr.

MÉTHODE DE LECTURE ET DE LANGAGE, à l'usage des élèves étrangers de nos colonies. 2 livrets et 2 tableaux muraux.

1er livret . . . . 75 c.
2e livret . . . . 90 c.
Chaque tableau (en feuille) . . . . 1 fr. 50

GRAMMAIRE

ÉLÉMENTAIRE

D'ARABE RÉGULIER

CONTENANT

des

TABLEAUX POUR LA CONJUGAISON DE TOUS LES VERBES IRRÉGULIERS

et des

MODÈLES D'ANALYSE

PAR

L. MACHUEL

DIRECTEUR DE L'ENSEIGNEMENT PUBLIC EN TUNISIE

EX-PROFESSEUR D'ARABE A LA CHAIRE PUBLIQUE D'ORAN
AU LYCÉE D'ALGER ET AU COLLÈGE ARABE-FRANÇAIS
DE CONSTANTINE

CHEVALIER DE LA LÉGION D'HONNEUR

DEUXIÈME ÉDITION

ALGER

ADOLPHE JOURDAN, LIBRAIRE-ÉDITEUR

IMPRIMEUR-LIBRAIRE DE L'ACADÉMIE

4, PLACE DU GOUVERNEMENT, 4

1889

Cette seconde édition de la GRAMMAIRE ÉLÉMENTAIRE D'ARABE RÉGULIER, *publiée par M. L. Machuel, diffère peu de la première. L'auteur a voulu conserver à son ouvrage le caractère pratique : aussi ne lui a-t-il fait subir que de légères modifications de formes.*

Quoique ÉLÉMENTAIRE, *cette Grammaire est aussi complète que possible sous le rapport de la conjugaison et de la déclinaison. Rien de ce que l'étudiant doit connaître pour n'être jamais embarrassé dans l'analyse des mots, n'a été omis. La théorie des pluriels a été revue avec soin et complétée. La syntaxe a subi aussi quelques modifications et quelques additions, mais l'auteur n'a pas voulu donner à cette partie de son travail un trop grand développement, malgré les conseils de quelques arabisants. A son avis, une Grammaire* ÉLÉMENTAIRE *ne doit pas renfermer plus de détails que ceux qu'il a donnés. Les étudiants désireux d'étendre leurs connaissances grammaticales devront lire les ouvrages des grammairiens arabes.*

Cette seconde édition de la GRAMMAIRE ÉLÉMENTAIRE D'ARABE RÉGULIER *a été l'objet de tous nos soins. Aussi espérons-nous qu'elle sera accueillie avec autant de bienveillance que son aînée.*

A. JOURDAN.

GRAMMAIRE ÉLÉMENTAIRE

D'ARABE RÉGULIER

CHAPITRE PREMIER

DE LA LECTURE ET DE L'ÉCRITURE

DES LETTRES DE L'ALPHABET

On écrit et on lit l'arabe de droite à gauche. L'alphabet se compose de 28 lettres, qui sont toutes des consonnes. Beaucoup d'entre elles se ressemblent et ne diffèrent que par la place et le nombre des points. Les Arabes n'ont pas de lettres majuscules ; ils n'emploient pas non plus de ponctuation. Les Orientaux placent les lettres de l'alphabet dans un ordre un peu différent de celui des Occidentaux. Nous avons adopté celui des premiers comme étant le seul en usage dans les dictionnaires et les grammaires. Il est probable que l'ordre primitif des lettres de l'alphabet était celui représenté par leur valeur numérique, ordre qu'on appelle *Aboudjed.*

Les lettres de l'alphabet sont :

ALPHABET (حُرُوفُ ٱلْهِجَآء)

NOMS DES LETTRES		FORMES	VALEUR	VALEUR NUMÉRIQUE
Alif	أَلِف	ا	A, OU, I, suivant la voyelle.	1
Bâ	بَآء	ب	*B	2
Tâ	تَآء	ت	*T	400
Tsâ	ثَآء	ث	Ts	500
Djîm	جِيم	ج	*Dj	3
H·â	حَآء	ح	H·	8
Khâ	خَآء	خ	Kh	600
Dâl	دَال	د	*D	4
Dzâl	ذَال	ذ	Dz	700
Râ	رَآء	ر	*R	200
Zîne	زِين ou زَآء	ز	*Z	7
Sîne	سِين	س	*S ou Ç	60
Chîne	شِين	ش	*Ch	300
S·âd	صَاد	ص	S·	90
D·âd	ضَاد	ض	D·	800

NOMS DES LETTRES		FORMES	VALEUR	VALEUR NUMÉRIQUE
T·â	طـآء	ط	T·	9
D·zâ	ظـآء	ظ	Dz·	900
'Aïne	عَيْن	ع	'	70
R·aïne	غَيْن	غ	R·	1.000
Fâ	فـآء	ف	*F	80
K·âf	قـاف	ق	K·	100
Kef	كـاف	ك	*K	20
Lâm	لام	ل	*L	30
Mîme	مـيم	م	*M	40
Noun	نـون	ن	*N	50
Hâ	هَـآء	ه	H	5
Waw	واو	و	W ou OU	6
Ya	يَـآء	ي	Y	10

REMARQUES. — Les lettres précédées du signe * ont exactement la même valeur qu'en français. Le point placé à droite du caractère français indique une lettre dure. — Les lettres ث, ح, خ, ذ, ص, ض, ط, ظ, ع, غ,

ف, ه, و et ي ne peuvent pas être représentées d'une façon exacte à l'aide des caractères français. — Dans l'écriture orientale, le *fâ* a un point dessus : ڢ, et le *kâf* en a deux : ق. — Les lettres ت et ط, ت et ث, س et ص, د et ض, sont souvent confondues en Algérie. — La première lettre de l'alphabet est en réalité le petit caractère (ء), appelé *hamza* هَمْزَة, qui peut être considéré comme la douce du ع, et dont l'alif est le support le plus habituel. Le hamza se met aussi sur le و, le ي et le caractère ىـ. Quant à l'alif, il n'est jamais lettre radicale ; il remplace les lettres و et ي ou sert de support, comme nous venons de le dire, au hamza. Il peut être encore lettre de prolongation.

On peut diviser les lettres de l'alphabet en *labiales, dentales, linguales, gutturales* et *aspirées.*

Les *labiales* sont : ب B, م M, ڢ F;

Les *dentales* sont : ت T, ط T·, ث Ts, د D, ض D·, ذ Dz, ظ Dz·, ز Z, س S, ص S·, ش Ch;

Les *linguales* sont : ر R, ل L, ن N;

Les *gutturales* sont : ك K, ق K·, خ Kh, ع ', غ R·;

Les *aspirées* sont : ه H, ح H·.

Les lettres ا, و et ي sont appelées *lettres faibles* حُرُوف ٱلْعِلَّة, parce qu'elles disparaissent souvent pour des raisons grammaticales, ou subissent des altérations ou des permutations. Quant à la lettre ج Dj, elle peut être considérée comme double.

Toutes les lettres comprises parmi les dentales et les linguales sont *solaires* حُروف شَمْسِيَّة ; les autres sont *lunaires* حُروف قَمَرِيَّة. On verra plus loin à quoi sert cette division.

LIAISON DES LETTRES ENTRE ELLES

Les 28 lettres de l'alphabet, lorsqu'elles sont isolées, sont représentées à l'aide de 18 caractères différents, qui sont :

ا ب ح د ر س ص ط ع ق ف ك ل م ن ه و ي

Tous ces caractères peuvent se joindre à celui qui précède, de cette manière :

ـا ـب ـح ـد ـر ـس ـص ـط ـع ـق ـف ـك ـل
ـم ـن ـه ـو ـي

Remarques. — 1° La lettre qui précède le caractère ح se joint à lui au-dessus de la ligne d'écriture, c'est-à-dire au sommet du caractère : ـح et non ح- ; 2° le caractère ع, précédé d'une autre lettre, prend la forme d'un triangle : ـع et non ع- ; 3° le caractère ه, à la fin des mots, prend diverses formes : ـه, ـہ ; lorsqu'il est surmonté de deux points [ة ـة], on l'appelle *tâ marboûta,* c'est-à-dire *tâ bouclé ;* le tâ marboûta ne se trouve qu'à la fin des mots, il donne toujours à la lettre qui précède le son de A ; il est, en général, la marque du féminin ; lorsqu'il doit être prononcé, on le prononce comme un ت ; lorsqu'il doit être joint à une autre lettre, on l'écrit comme un ت.

Des 18 caractères qui servent à représenter les 28 lettres, 4 (formant 6 lettres) ne se joignent jamais à la lettre qui suit ; ce sont : ا, د [ذ], ر [ز] et و, renfermés dans le mot دوار *douâr.*

Tous les autres caractères peuvent se lier à la lettre qui suit, mais alors ils perdent leur appendice, c'est-à-dire la queue que l'on ajoute à la lettre lorsqu'elle est isolée.

Caractères isolés :

ب ح س ص ط ع ق ف ك ل م ن ه ي

Caractères joints à la lettre qui suit :

بـ حـ سـ صـ طـ عـ فـ كـ لـ مـ نـ هـ يـ

Remarques. — 1° Les deux caractères ق et ف ont la même forme lorsqu'ils sont joints à une lettre qui suit : قـ, فـ ; — 2° les deux caractères ن et ي ont la même forme que le premier بـ : نـ, يـ ; — 3° le caractère ه, suivi d'une lettre, prend cette forme : هـ (ـهـ, ـهـ) ; — 4° le caractère ل, suivi de ا, s'écrit ainsi : لا لا لا. (Ces deux lettres réunies s'appellent *lâmalif.*)

Lorsque les différents caractères qui servent à représenter les 28 lettres sont joints à une lettre qui précède et à une lettre qui suit, ils ont cette forme :

ـبـ ـحـ ـسـ ـصـ ـطـ ـفـ ـعـ ـكـ ـلـ ـمـ ـهـ

En rapprochant ces caractères jusqu'à ce qu'ils se touchent, on a la ligne suivante :

ـبـحـسـصـطـفـعـكـلـمـهـ

Ajoutez à ces 11 caractères ceux qui ne se joignent jamais à la lettre qui suit (و ر د ا), et vous verrez qu'il n'y a en réalité que 15 caractères différents pour représenter les 28 lettres :

1° ا seul de sa forme ;
2° ب servant à former : ث ت نـ يـ ب;
3° ح id. خ ح ج;
4° د id. ذ د;
5° ر id. ز ر;
6° س id. ش س;
7° ص id. ض ص;
8° ط id. ظ ط;
9° ع id. غ ع;
10° ف id. ق ف;
11° ك seul de sa forme ;
12° ل id.
13° م id.
14° ه id.
15° و id.

DES VOYELLES

Il y a en arabe trois voyelles (حَرَكَة, *pl.* حَرَكَات) :

Le son OU (ـُ), appelé *d·amma* ضَمَّة ;

Le son A (ـَ), id. *fath·a* فَتْحَة ;

Le son I (ـِ), id. *kesra* كَسْرَة .

Ex. : بُ *bou*, تَ *ta*, سِ *si*, رَ *ra*, زُ *zou*, بَصَلُ *ba-s·a-lou*, حَزِنَ *h·a-zi-na*, كَبُرَ *ka-bou-ra*, etc.

Ces voyelles, placées sur la dernière lettre des mots, indiquent la fonction qu'ils remplissent dans la phrase. Elles ont alors une dénomination différente :

Le son OU, ou plutôt la fonction marquée par cette voyelle, se nomme *raf'a* رَفْع ;

Le son A, id. id. *nas·ba* نَصْب ;

Le son I, id. id. *khafd·a* خَفْض .

A la fin des mots, les voyelles peuvent être écrites deux fois. On les prononce alors comme si elles étaient suivies d'un ن, ce qui a fait appeler cette manière de prononcer : *tanouîne* تَنْوِين ou *nunnation*. On a :

ـٌ *ou-n* pr le *raf'a* av. tanouîne : بَصَلٌ *ba-sa-loun* ;

ـً *a-ne* pr le *nas·ba* id. بَقَرَةً *ba-k·a-ra-tane* ;

ـٍ *i-ne* pr le *khafd·a* id. كُتُبٍ *kou-tou-bine*.

REMARQUES. — Après le tanouîne ـً *ane,* on ajoute un alif d'orthographe, à moins que le mot ne soit terminé par un ة ou un ء (il y a quelques exceptions pour ce dernier caractère); ex. : كُتُبًا, بَلَدًا. — Le ه final portant le d'amma se prononce *ho* lorsqu'il est pronom, ce qui est le cas le plus fréquent; ex. : كُتُبُهُ, prononcez *kou-tou-bou-ho.*

EXERCICE

بِـ	avec.	مَنَعَ	il a préservé.
مَعَ	avec.	صَغُرَ	il a été petit.
كَـ	comme.	قُتِلَ	il a été tué.
لِـ	à.	سُرِقَ	il a été volé.
كَتَبَ	il a écrit.	جَزَعٌ	frayeur.
خَرَجَ	il est sorti.	زَبَلٍ	ordure.
مَرِضَ	il a été malade.	غَنَمًا	moutons.
حَسُنَ	il a été beau.	لِطَمَعِهِ	pour son avidité.
ضُرِبَ	il a été frappé.	بِبَقَرَتِكَ	avec ta vache.

DES LETTRES DE PROLONGATION (حُرُوفُ ٱلْمَدِّ)

Les trois lettres و, ا et ي servent souvent à prolonger les trois voyelles qui leur correspondent. (Nous représenterons cette prolongation à l'aide d'un accent circonflexe.)

و sert à prolonger le son OU ; ex. : بُو *boû ;*

ا id. id. A ; ex. : بَا *bâ ;*

ي id. id. I ; ex. : بِي *bî.*

Ces lettres ne sont pas cependant toujours lettres de prolongation, bien que nous les ayons considérées comme telles dans l'arabe parlé ; ex. : طِوَالٌ, prononcez *ti-wâ-loun,* le و n'étant pas lettre de prolongation. On en verra d'autres exemples dans le paragraphe suivant.

Remarques. — Le ي final est souvent privé de sa voyelle grammaticale. Il peut être considéré comme lettre de prolongation, mais la consonne qui précède porte le son A, et non le son I ; ex. : مَشَى *machâ,* عَلَى *'alâ,* etc... Ce ي est appelé, dans ce cas, par les grammairiens arabes, *alif bref* أَلِفٌ مَقْصُورَةٌ. Il peut même arriver que la lettre qui le précède porte le tanouîne ـً ; ex. : فَتًى *fatane.* — Le و final est presque toujours suivi d'un alif d'orthographe qui n'a aucune valeur : قَامُوا, prononcez *k·âmoû,* et non *k·âmoûa.* — Dans certains mots d'un emploi fréquent, la lettre de prolongation ا est souvent supprimée ; ex. : زَمَنٌ *za-mâ-noun,* pour زَمَانٌ ; ذَلِكَ *d·zâlika,* pour ذَالِكَ, etc. Il est d'usage, dans ce cas, de mettre le fath·a perpendiculairement : زَمَٰنٌ. Les trois mots حَيَاةٌ *vie,* صَلَاةٌ *prière,* زَكَاةٌ *dîme,* s'écrivent aussi : حَيَوٰةٌ, صَلَوٰةٌ, زَكَوٰةٌ.

EXERCICE

فِي	dans.	جَائِعٌ	affamé.
إِلَى	vers.	بِيبَانُهُ	ses portes.
عَلَى	sur.	رَحِيمٌ	miséricordieux.
لَدَى	devant.	كَبِيرٌ	grand.
عَدَا	excepté.	صَغِيرًا	petit.
سِوَا	excepté.	خَافَ	il a craint.
خَلَا	excepté.	لَامَ	il a blâmé.
حَاشَا	excepté.	بَابٌ	porte.
هُنَا	ici.	ظَالِمٌ	coupable.
هُنَالِكَ	là.	مَدِينَةٌ	ville.
كَذَالِكَ	ainsi.	قُبُورًا	tombeaux.
طَوِيلٌ	long.	رِجَالٌ	hommes.
بَنَى	il a bâti.	يَقُولُونَ	ils disent.
يَبِيعُ	il vendra.	مُقِيمُونَ	restant.
يَلُومُهَا	il la blâmera.	تَبِيعِينَهَا	tu la vendras.
يُجِيبُ	il répondra.	سَامِعُونَ	entendant.

DU DJEZM

On appelle *djezm* جَزْم ou *soukoun* سُكُون un signe ayant la forme d'un petit rond ou d'un petit croissant (ـْ), qui peut se placer sur toutes les consonnes de l'alphabet pour indiquer qu'elles ne doivent pas être lues avec une voyelle, et qu'on doit glisser sur elles en les prononçant; ex. : مِسْكِينٌ *mis-kî-noun* (pauvre); شَمْسِن *chem-sine* (soleil); كَلْبًا *kel-bane* (chien).

Remarques. — 1° Un mot ne peut pas commencer par une lettre portant un djezm;

2° Une lettre de prolongation ne peut pas être suivie d'une lettre djezmée; ainsi, l'on n'écrira pas سِيرْ, mais سِرْ;

3° A la fin d'un verbe, une lettre faible se retranche quand elle doit porter un djezm; on n'écrira pas لَاقِيْ, mais لَاقِ.

EXERCICE SUR LE DJEZM

مِنْ	de.	تَحْتَ	au-dessous.
عَنْ	de.	قَبْلَ	avant.
لَدُنْ	auprès de.	بَعْدَ	après.
بَيْنَ	entre.	عِنْدَ	chez.
فَوْقَ	au-dessus.	خَلْفَ	derrière.

قُلْ	dis.	مُنْذُ	depuis.
قُمْ	lève-toi.	أَيْنَ	où.
لُمْ	blâme.	كَيْفَ	comment.
أَجِبْ	réponds.	تَسْتَكْبِرْنَ	vous vous enorgueillirez.
بِعْ	vends.	حَيْثُ	partout où.
جُزْ	passe.	يَوْمَئِذٍ	en ce jour.
بَيْتُهُ	sa tente.	وَقْتَئِذٍ	à cette époque.
قَوْلُكَ	ton dire.	يَسْتَحْسِنُ	il approuvera.
بِسَيْفِهِمْ	avec leur sabre.	يَسْتَغْفِرْنَ	elles demanderont pardon.
مُعْجِبٌ	surprenant.		
غَيْرَ	excepté.		

DU CHEDDA

On appelle *chedda* شِدَّة ou *techdîd* تَشْدِيد un signe ayant la forme d'un petit *sîne* (ـّـ), ou d'un (ـٚـ) dans l'écriture barbaresque, qui peut se placer sur toutes les consonnes de l'alphabet, et qui indique que l'on doit appuyer sur elles en les prononçant. Le chedda marque, en quelque sorte, le redoublement de la consonne ; ex. : مَرَّ *marra* (il est passé) ; سَلَّكَ *sallaka* (il a délivré) ; شِدَّةٌ *chiddatoun* (intensité).

Remarques. — Le chedda est mis pour deux lettres semblables ou de même nature ayant chacune une voyelle, ou, ce qui est le cas le plus fréquent, pour deux lettres semblables ou de même nature, la première portant un djezm, et la seconde une voyelle. D'où il suit qu'un mot ne peut pas commencer par un chedda. Lorsque deux lettres semblables ayant chacune une voyelle, ou la première ayant un djezm et la seconde une voyelle, se rencontreront, il faudra les réunir par un chedda et donner pour voyelle, après la contraction, celle qu'aurait dû avoir la seconde des lettres contractées. Ainsi :

شَدَدَ	deviendra	شَدَّ
شُدِدَ	id.	شُدَّ
يَشْتَدِدُ	id.	يَشْتَدُّ
أَخَذْتُ	id.	أَخَتُّ
لِلْرَّجُلِ	id.	لِلرَّجُلِ, etc.

(Nous reviendrons sur ce sujet en parlant des verbes sourds.)

EXERCICE SUR LE CHEDDA

حَتَّى	jusqu'à.	أَنَّ	que.
قُدَّامَ	devant.	لٰكِنَّ	mais.
إِنَّ	certes.	لَعَلَّ	peut-être que.

فَرَّقَ	il a séparé.	لَيَهْرُبَنَّ	certes, il fuira.
عَظَّمَ	il a honoré.	مُطْمَئِنٌّ	tranquille.
عَلَّمَ	il a instruit.	يَتَعَلَّمُ	il apprendra.
تَعَجَّبَتْ	elle a été surprise.	يُخَفِّفُ	il allégera.
تَكَلَّمْتُنَّ	vous avez parlé.	يُفَسِّرُ	il expliquera.

DU OUESLA

On a vu qu'un mot ne peut jamais commencer par une lettre djezmée. Lorsque, par suite de suppressions grammaticales, le cas se présente, on ajoute au commencement du mot un alif surmonté de ce petit signe (ـٱ), appelé *ouesla* وَصْلٌ. — Le *ouesla* est donc un signe ayant la forme d'un petit ص, que l'on met sur l'alif devant les mots qui auraient commencé par un djezm.

L'alif portant un ouesla, que l'on appelle *alif d'union*, ne doit pas être prononcé, et la lettre djezmée qui le suit se lie, dans la prononciation, à la syllabe précédente; ex. : بَابُ ٱلْبَيْتِ, prononcez *ba-boul-bey-ti*, comme si les deux mots étaient écrits : بَابُلْبَيْتِ; — لِٱسْتِكْبَارِهِ, prononcez *lis-tik-bâ-ri-hi.*

Remarques. — Les mots qui commencent par un ouesla sont :

1° L'article ٱلْ et ses composés;

2° Les impératifs des verbes qui commencent par un ا, excepté celui de la IVe forme;

3° Les formes dérivées des verbes qui commencent par un ا, excepté celle de la IVe forme;

4° Les dix substantifs suivants : ٱبْنٌ *et* ٱبْنُمٌ fils; ٱبْنَةٌ fille; ٱسْمٌ nom; ٱثْنَانِ *(masc.)*, ٱثْنَتَانِ *(fém.)* deux; ٱمْرُءٌ homme; ٱمْرَأَةٌ femme; ٱيْمُنٌ serment; ٱسْتٌ fesse.

Lorsqu'un mot devant commencer par un ouesla se trouve le premier d'une période, l'alif initial prend alors un hamza avec le son A, pour l'article et ses composés et le mot ٱيْمُنٌ, — le son OU, pour les impératifs des verbes ayant cette voyelle sur l'avant-dernière radicale, — et le son I, pour tous les autres mots.

Lorsque l'article ٱلْ est placé devant un mot commençant par une lettre solaire, le ل perd son djezm et ne se prononce plus, et l'on met un chedda sur la lettre solaire; ex. : أَلزَّمَانُ, prononcez *azzamânou;* فِي ٱلدَّارِ, prononcez *fiddâri,* etc.

EXERCICE SUR L'OUESLA

عِنْدَ ٱلرَّجُلِ	chez l'homme.
مَسَاجِدُ ٱلْمَدِينَةِ	les mosquées de la ville.
إِنَّ ٱللّٰهَ غَفُورٌ رَحِيمٌ	certes, Dieu est clément et miséricordieux.

بِسْمِ ٱللّٰهِ ٱلرَّحْمَانِ ٱلرَّحِيمِ (1) au nom de Dieu le Clément, le Miséricordieux.

رَأَيْتُ ٱبْنَ مُحَمَّدٍ j'ai vu le fils de Mohammed.

كَانَ ٱسْمُهُ مَكْتُوبًا عَلَى ٱلأَبْوَابِ son nom était écrit sur les portes.

DU MADDA

Le *madda* مَدَّة est un signe ayant la forme d'un alif horizontal (ٓ), que l'on place sur l'alif, et qui indique que cette lettre aurait dû être suivie d'un autre alif. Le madda est mis soit pour un hamza et un alif de prolongation, soit pour un alif de prolongation suivi d'un hamza. Dans le premier cas, il se prononce A ; dans le second cas, il n'est qu'un signe orthographique. Ex. :

آكِلٌ	pour	أَاكِلٌ	prononcez	*âkiloun*	mangeant.
آخَذَ	id.	أَاخَذَ	id.	*âkhadza*	en vouloir à.
يَشَآءُ	id.	يَشَاأُ	id.	*yachâou*	il voudra.
صَفْرَآءُ	id.	صَفْرَاأُ	id.	*s·efrâou*	jaune.

حُكَمَآءُ prononcez *h·oukamâou* sages.

---

(1) Dans cette formule, l'alif d'union du mot ٱسْمٌ disparaît souvent, et l'on écrit بِسْمِ. — L'alif d'union de l'article disparaît aussi avec la préposition لِ *à* : لِلْبَلَدِ et non لِٱلْبَلَدِ *à la ville*.

DES SYLLABES

Une syllabe peut se composer :

1° D'une lettre et de sa voyelle (elle est alors brève) ; ex. : بَقَرَتُكَ *ba-k'a-ra-tou-ka* (cinq brèves) ;

2° D'une lettre et de sa voyelle, avec tanouîne (dans ce cas, la syllabe est longue) ; ex. : بَقَرَةٌ *ba-k'a-ra-toun* (trois brèves et une longue) ;

3° D'une lettre et de sa voyelle, plus une lettre de prolongation (longue) ; ex. : خَافَا *khâ-fâ* (deux longues) ;

4° D'une lettre et de sa voyelle, plus une lettre djezmée (longue) ; ex. : أَحْسِن *ah'-sine* (deux longues).

Remarques. — Le chedda doit être décomposé en deux lettres : l'une ayant un djezm, et l'autre une voyelle ; ex. : مَرَّ *mer-ra* (une longue et une brève). — Un mot commençant par un ouesla doit être joint, dans la lecture, à la dernière syllabe du mot précédent.

EXERCICE DE LECTURE

حِكَايَةٌ	*Hikâyatoun*
قِيلَ أَنَّ رَجُلًا سَلَكَ مَفَازَةً فِيهَا	K'îla anna radjoulane salaka mafâzatane fîhâ
خَوْفٌ مِنَ ٱلسِّبَاعِ وَكَانَ ٱلرَّجُلُ خَبِيرًا	khawfoun minassibâ'i wa kâna rradjoulou khabîrane

بِوَعْثِ تِلْكَ ٱلْأَرْضِ وَخَوْفِهَا فَلَمَّا	biwa'tsi tilkalard·i wa khawfihâ falammâ
سَارَ غَيْرَ بَعِيدٍ ٱعْتَرَضَ لَهُ ذِئْبٌ مِنْ	sâra r·ayra ba'îdin i'tarad·a laho diboun mine
أَحَدِّ ٱلذِّئَابِ وَأَضْرَاهَا فَلَمَّا رَأَى	ah·addi ddiyâbi wa ad·râhâ falammâ raâ
ٱلرَّجُلُ أَنَّ ٱلذِّئْبَ قَاصِدٌ نَحْوَهُ خَافَ	rradjoulou anna ddiba k·âsidoun nah·waho khâfa
مِنْهُ وَنَظَرَ يَمِينًا وَشِمَالًا لِيَجِدَ مَوْضِعًا	minho wa nadz·ara yaminane wa chimâlane liyadjida mawd·i'ane
يَتَحَرَّزُ فِيهِ مِنَ ٱلذِّئْبِ فَلَمْ يَرَ إِلَّا	yatah·arrazou fîhi min addibi falam yara illâ
قَرْيَةً خَلْفَ وَادٍ فَذَهَبَ مُسْرِعًا نَحْوَ	k·aryatane khalfa wâdine fadzahaba mousri'ane nah·wa
ٱلْقَرْيَةِ فَلَمَّا أَتَى ٱلْوَادِيَ لَمْ يَرَ عَلَيْهِ	lk·aryati falammâ atâ lwâdiya lam yara 'alayhi
قَنْطَرَةً وَرَأَى ٱلذِّئْبَ قَدْ أَدْرَكَهُ فَأَلْقَى	k·ant·aratane wa raâ ddiba k·ad adrakaho faalk·â
نَفْسَهُ فِي ٱلْمَاءِ وَهُوَ لَا يُحْسِنُ ٱلسِّبَاحَةَ	nafsaho fil mâi wa houwa lâ youh·sinou lsibâh·ata
وَكَادَ أَنْ يَغْرَقَ إِلَّا أَنْ بَصُرَ بِهِ قَوْمٌ	wa kâda ane yar·rik·a illâ ane bas·ara bihi k·awmoun
مِنْ أَهْلِ ٱلْقَرْيَةِ فَتَوَاقَعُوا لِإِخْرَاجِهِ	mine ahli lk·aryati fatawâ ka'oû liikhrâdjihi
فَأَخْرَجُوهُ وَقَدْ أَشْرَفَ عَلَى ٱلْهَلَاكِ	faakhradjoûho wa k·ad achrafa 'alâlhalâki
فَلَمَّا حَصَلَ ٱلرَّجُلُ عِنْدَهُمْ وَأَمِنَ عَلَى	falamma h·as·ala rradjoulou 'indahoum wa amina 'alâ
نَفْسِهِ مِنْ غَائِلَةِ ٱلذِّئْبِ رَأَى عَلَى	nafsihi mine r'âilati ddibi raâ 'alâ
شَطِّ ٱلْوَادِي بَيْتًا مُفْرَدًا فَقَالَ أَدْخُلُ	chat·t·i lwâdî baytane moufradane fak·âla adkhoulou

هَذَا ٱلْبَيْتَ فَٱسْتَرِحْ فِيهِ فَلَمَّا دَخَلَهُ	hadâlbayta faastarîh·a fîhi falammâ dakhalaho
وَجَدَ جَمَاعَةً مِنَ ٱللُّصُوصِ قَدْ قَطَعُوا	wadjada djamâ'atane minallous·oûs·i k·ad k·ata'oû
ٱلطَّرِيقَ عَلَى رَجُلٍ مِنَ ٱلتُّجَّارِ وَهُمْ	t·t·arîk·a 'alâ radjouline minattoudjdjâri wa houm
يَقْتَسِمُونَ مَالَهُ وَيُرِيدُونَ قَتْلَهُ	yak·tasimoûna mâlaho wa yourîdoûna k·atlaho
فَلَمَّا رَأَى ٱلرَّجُلُ ذَالِكَ خَافَ عَلَى	falammâ raâ rradjoulou dzâlika khâfa 'alâ
نَفْسِهِ وَمَضَى نَحْوَ ٱلْقَرْيَةِ فَأَسْنَدَ	nafsihi wa mad·â nah·walk·eryati faasnada
ظَهْرَهُ إِلَى حَائِطٍ مِنْ حِيطَانِهَا لِيَسْتَرِيحَ	dz·ahraho ilâ h·âit·ine mine h·îtânihâ liyastarîh·a
مِمَّا حَلَّ بِهِ مِنَ ٱلْهَوْلِ وَٱلْإِعْيَاءِ إِذْ	mimmâ h·alla bihi minalhawli wali'yâi idz
سَقَطَ ٱلْحَائِطُ عَلَيْهِ فَمَاتَ *	sak·at·a lh·âit·ou 'alayhi famâta.

TRADUCTION

HISTOIRE

Un homme pénétra, dit-on, dans un désert où il y avait à redouter les animaux sauvages. Il connaissait les difficultés qu'on rencontrait dans ce pays, et les dangers qu'on y courait. Il venait de se mettre en route lorsqu'un loup, des plus cruels et des plus féroces, s'offrit à sa vue. Voyant que l'animal se dirigeait vers lui, il fut effrayé, et regarda de droite et de gauche, cherchant un endroit où il pourrait se mettre à l'abri contre ses poursuites. Il n'aperçut qu'un village de l'autre côté d'une rivière. Il se dirigea, en toute hâte, vers ce village ; mais, arrivé sur les bords de la rivière, il n'y trouva pas de pont, et il vit que le loup allait l'atteindre. Il se jeta à l'eau, quoique ne sachant pas nager, et faillit se noyer. Mais des gens du village le virent, et se précipitèrent pour le retirer de la rivière, où il avait manqué périr. Lorsque notre homme fut auprès d'eux en sécurité, il vit sur le bord de la rivière une maison isolée : « Je vais entrer, se dit-il, dans cette maison, pour me reposer. » Mais une fois dans l'intérieur, il aperçut une réunion de brigands qui venaient d'attaquer un commerçant dont ils se partageaient le bien, et qu'ils voulaient mettre à mort. A cette vue, il eut peur pour ses propres jours, et revint vers le village. Il appuya son dos contre un mur pour se délasser ; mais le mur s'effondra, et il fut écrasé. — *(On trouvera d'autres exercices de lecture dans le recueil d'exercices grammaticaux.)*

CHAPITRE II

DES PARTIES DU DISCOURS

Il y a en arabe trois parties du discours :

Le NOM إِسْمٌ qui comprend : le substantif, l'adjectif, le participe et le pronom ;

Le VERBE فِعْلٌ qui a, à peu près, la même étendue que le verbe en français ;

La PARTICULE حَرْفٌ qui comprend : l'article, l'adverbe, la préposition, la conjonction et l'interjection.

(Le verbe, étant le point de départ de tout le système grammatical arabe, il est important de commencer par lui l'étude de la grammaire.)

CHAPITRE III

DE LA CONJUGAISON

Un verbe, en arabe, peut être *primitif* مُجَرَّدٌ ou *dérivé* مَزِيدٌ فِيهِ.

Le verbe est *primitif* lorsqu'il ne renferme que les lettres de la *racine* أَصْلٌ.

On appelle *racine* les lettres fondamentales d'un mot, nom ou verbe. Tous les mots arabes, à l'exception des particules, doivent avoir pour base une racine, qui peut être composée de trois ou de quatre lettres. Les racines de trois lettres sont les plus nombreuses ; elles sont appelées *trilitères* ثُلَاثِيٌّ ; celles de quatre lettres sont appelées *quadrilitères* رُبَاعِيٌّ.

La première lettre d'une racine se nomme première radicale ; la seconde, seconde radicale ; la troisième, troisième radicale. Il arrive souvent que la première lettre d'un mot n'est pas la première radicale.

Le verbe est *dérivé* lorsque, outre les lettres de la racine, il renferme un chadda, ou bien une ou plusieurs des lettres suivantes : ا ت س م ن و ي, appelées *serviles* ou *formatives* زَوَائِدُ, renfermées dans les deux mots أَنْتَ مُوسَى *toi, tu es Mouça.*

Le verbe peut être *régulier* سَالِم ou *irrégulier* غَيْرسَالِم. Il est *régulier*, lorsque la racine ne renferme pas de *lettres faibles* et que les deux dernières radicales ne sont pas semblables.

On divise encore les verbes en « verbes marquant une *action* », et « verbes marquant un *état* ».

Il y a trois nombres dans le verbe : le *singulier* اَلْمُفْرَد, le *duel* التَّثْنِيَة, le *pluriel* الجَمْع.

Il y a deux genres : le *masculin* المُذَكَّر, le *féminin* المُؤَنَّث.

Il y a trois personnes : la *première, celle qui parle,* المُتَكَلِّم ; la *deuxième, celle à qui l'on parle,* المُخَاطَب ; la *troisième, celle de qui l'on parle,* الغَائِب (l'absent).

Le *duel* n'a pas de première personne.

Il n'y a, en réalité, que deux temps dans la conjugaison arabe : le *prétérit* المَاضِي, qui sert à exprimer tout fait passé ; l'*aoriste* المُضَارِع, qui sert à exprimer tout fait qui n'est pas encore passé (présent ou futur).

La troisième personne du masc. sing. du prétérit, étant la forme la plus simple du verbe, sert de point de départ à la conjugaison. Lorsqu'on veut exprimer un verbe, on se sert de cette troisième personne comme en français de l'infinitif.

Il y a deux voix : la voix *active* et la voix *passive*.

Nous comprendrons dans la conjugaison le participe et le nom d'action, bien qu'ils fassent partie du nom.

Tous les mots arabes, à l'exception des particules, peuvent se rapporter à un certain nombre de *types* ou *formes*. Pour trouver la forme d'un mot, il suffit de remplacer les lettres radicales de ce mot par les trois lettres du groupe فعل, dans lequel le ف représente la première radicale, le ع la deuxième, le ل la troisième, et d'ajouter les mêmes signes et les mêmes lettres formatives. Ainsi : كَبِيرٌ est de la forme فَعِيلٌ ; عَجُوزَةٌ de la forme فَعُولَةٌ ; آسْتَكْبَرَ de la forme آسْتَفْعَلَ ; مُمْتَزِجٌ de la forme مُفْتَعِلٌ ; يَتَفَرَّقُ de la forme يَتَفَعَّلُ ; رَاضِيًا de la forme فَاعِلًا ; لُصُوصٌ de la forme فُعُولٌ, etc.

DU PRÉTÉRIT (المَاضِي)

Les lettres qui caractérisent le *prétérit* sont placées *après* le radical. Dans le verbe primitif trilitère, la deuxième radicale peut avoir le son OU, le son A ou le son I, quelquefois deux de ces voyelles et même les trois, mais rarement avec le même sens. On ne peut connaître cette voyelle que par l'usage. Le verbe primitif trilitère peut donc être de l'une des formes فَعَلَ, ou فَعُلَ, ou فَعِلَ. La première indique, en général, un verbe d'*action*, les deux autres des verbes d'*état*. — La dernière radicale, dans tous les verbes, porte, à la troisième personne du masculin singulier du prétérit, la voyelle A.

CONJUGAISON DE CE TEMPS

Singulier

1re personne...		قَتَلْتُ	j'ai tué.
2e pers.	masc.	قَتَلْتَ	tu as tué.
	fém.	قَتَلْتِ	tu as tué (fém.).
3e pers.	masc.	قَتَلَ	il a tué.
	fém.	قَتَلَتْ	elle a tué.

Duel

2e personne...		قَتَلْتُمَا	vous avez tué (tous deux).
3e pers.	masc.	قَتَلَا	ils ont tué id.
	fém.	قَتَلَتَا	elles ont tué (toutes deux).

Pluriel

1re personne...		قَتَلْنَا	nous avons tué.
2e pers.	masc.	قَتَلْتُمْ	vous avez tué.
	fém.	قَتَلْتُنَّ	vous avez tué (fém.).
3e pers.	masc.	قَتَلُوا	ils ont tué.
	fém.	قَتَلْنَ	elles ont tué.

FORMATION DU PASSIF AU PRÉTÉRIT

Le *passif* au prétérit se forme, pour tous les verbes, en mettant le son I sous l'avant-dernière radicale, et le son OU sur toutes les lettres qui précèdent portant une voyelle. Ex. :

Actif	Passif
قَتَلَ il a tué,	قُتِلَ il a été tué.
أَكْرَمَ il a traité généreus^t,	أُكْرِمَ il a été traité génér^t.
تَرَقَّبَ il a observé,	تُرُقِّبَ il a été observé.
اسْتَحْسَنَ il a approuvé,	اسْتُحْسِنَ il a été approuvé.
تَرْجَمَ il a traduit,	تُرْجِمَ il a été traduit.

(Conjuguez comme à l'actif : قُتِلْتُ, قُتِلْتَ, قُتِلْتِ, etc.)

EMPLOI DU PRÉTÉRIT

Le prétérit est employé :

1° Pour exprimer un temps passé (passé défini, passé indéfini, passé antérieur) ;

2° Pour exprimer un souhait : ainsi, dans la phrase *Que Dieu le protège !* le verbe se mettrait, en arabe, au prétérit ;

3° Pour exprimer un temps présent ou futur, avec les particules إِنْ *si,* إِذَا *lorsque,* مَتَى *dès que,* مَنْ *quiconque,* مَهْمَا *quelque chose que,* أَيٌّ *quel,* et quelques autres.

DE L'AORISTE (المُضَارِع)

L'*aoriste* est caractérisé par certaines lettres placées *avant* le radical. Ces lettres sont renfermées dans le mot أَنَيْتُ *j'ai retardé.*

ا indique la première personne du singulier ;

نـ indique la première personne du pluriel ;

تـ indique les secondes personnes et la troisième du féminin, au singulier et au duel ;

يـ indique les troisièmes personnes.

Les lettres que l'on ajoute après le radical servent à marquer le genre, le nombre ou le mode.

Il y a cinq sortes d'aoristes : 1° l'aoriste *indicatif ;* 2° l'aoriste *subjonctif ;* 3° l'aoriste *conditionnel ;* 4° l'aoriste *énergique lourd ;* 5° l'aoriste *énergique léger.*

AORISTE INDICATIF (المُضَارِع المَرْفوع)

Ce temps est caractérisé, à certaines personnes, par un *ref'a* (ـُ) placé sur la dernière radicale ; aux autres personnes, par un ن final. — Le ن qui termine la seconde et la troisième personne du féminin pluriel, indique le genre, et se retrouve à tous les modes de ce temps.

Dans le verbe primitif trilitère, la deuxième radicale peut aussi avoir à ce temps une des trois voyelles, ce que le dictionnaire indique de cette manière : f. A, f. O, f. I, c'est-à-dire : futur A, futur O, etc. Ces voyelles ne peuvent être connues que par l'usage. Cependant, si le verbe est au prétérit de la forme فَعِلَ, il fera presque toujours à l'aoriste : يَفْعَلُ ; s'il est de la forme فَعُلَ, il fera le plus souvent à l'aoriste : يَفْعُلُ.

CONJUGAISON DE CE TEMPS

Singulier

1re personne. . .		أَفْعَلُ	je ferai.
2e pers.	masc.	تَفْعَلُ	tu feras.
	fém. .	تَفْعَلِينَ	tu feras (fém.).
3e pers.	masc.	يَفْعَلُ	il fera.
	fém. .	تَفْعَلُ	elle fera.

Duel

2e personne. . .		تَفْعَلَانِ	vous ferez (tous deux).
3e pers.	masc.	يَفْعَلَانِ	ils feront id.
	fém. .	تَفْعَلَانِ	elles feront (toutes deux).

Pluriel

1re personne. . .		نَفْعَلُ	nous ferons.
2e pers.	masc.	تَفْعَلُونَ	vous ferez.
	fém. .	تَفْعَلْنَ	vous ferez (fém.).
3e pers.	masc.	يَفْعَلُونَ	ils feront.
	fém. .	يَفْعَلْنَ	elles feront.

FORMATION DU PASSIF A L'AORISTE

Le *passif* à l'aoriste se forme, pour tous les verbes, en mettant le son OU sur la première lettre et le son A sur l'avant-dernière radicale. Ex. :

Actif		Passif	
يَفْعَلُ	il fera,	يُفْعَلُ	il sera fait.
يَضْرِبُ	il frappera,	يُضْرَبُ	il sera frappé.
يَسْتَحْسِنُ	il approuvera,	يُسْتَحْسَنُ	il sera approuvé.
يُتَرْجِمُ	il traduira,	يُتَرْجَمُ	il sera traduit.

(Conjuguez comme à l'actif : أُفْعَلُ, تُفْعَلُ, تُفْعَلِينَ, etc.)

EMPLOI DE L'AORISTE INDICATIF

Un verbe employé à l'aoriste indicatif exprime le présent ou le futur. Il a surtout ce sens lorsqu'il est précédé de la particule سَوْفَ, ou de son abréviation سَـ *certes*.

AORISTE SUBJONCTIF (الْمُضَارِعُ ٱلْمَنْصُوبُ)

L'aoriste subjonctif se forme de l'aoriste indicatif en remplaçant le *rafa* (ـُ) de la dernière radicale par un *nas·ba* (ـَ), aux personnes où elle n'est suivie d'aucune autre lettre, et en supprimant le ن final aux autres personnes. (On a vu que le ن du féminin pluriel ne disparaît jamais.)

CONJUGAISON DE CE TEMPS

Singulier

1re personne . . .		أَنْ أَفْعَلَ	que je fasse.
2e pers..	masc.	أَنْ تَفْعَلَ	que tu fasses.
	fém. .	أَنْ تَفْعَلِي	que tu fasses (fém.).
3e pers..	masc.	أَنْ يَفْعَلَ	qu'il fasse.
	fém. .	أَنْ تَفْعَلَ	qu'elle fasse.

Duel

2e personne . . .		أَنْ تَفْعَلَا	que vous fassiez (tous deux).
3e pers..	masc.	أَنْ يَفْعَلَا	qu'ils fassent id.
	fém. .	أَنْ تَفْعَلَا	qu'elles fassent (toutes deux).

Pluriel

1re personne . . .		أَنْ نَفْعَلَ	que nous fassions.
2e pers..	masc.	أَنْ تَفْعَلُوا	que vous fassiez.
	fém. .	أَنْ تَفْعَلْنَ	que vous fassiez (fém.).
3e pers..	masc.	أَنْ يَفْعَلُوا	qu'ils fassent.
	fém. .	أَنْ يَفْعَلْنَ	qu'elles fassent.

EMPLOI DE CE TEMPS

On doit lire l'aoriste au subjonctif lorsqu'il est précédé des particules suivantes, appelées en arabe نَوَاصِب :

أَنْ, لِ, كَيْ — *que, afin que.*	فَ, وَ — *que, afin que* (qu'il ne faut pas confondre avec les deux mêmes mots qui sont conjonctions).
حَتَّى — *jusqu'à ce que, afin que.*	لَنْ — *il ne se fera pas que.*
أَوْ — *à moins que.*	إِذَنْ ou إِذًا *en sorte que.*

(Au passif, on dira أُفْعَلَ, تُفْعَلَ, etc.)

AORISTE CONDITIONNEL (اَلْمُضَارِعُ ٱلْمَجْزُوم)

Il se forme de l'aoriste subjonctif en remplaçant le *nas'ba* de la dernière radicale par un *djesm*. Les autres personnes restent les mêmes qu'au subjonctif.

CONJUGAISON DE CE TEMPS

Singulier

1re personne		لَمْ أَضْرِبْ	je n'ai pas frappé.
2e pers.	masc.	لَمْ تَضْرِبْ	tu n'as pas frappé.
	fém.	لَمْ تَضْرِبِي	tu n'as pas frappé (fém.).
3e pers.	masc.	لَمْ يَضْرِبْ	il n'a pas frappé.
	fém.	لَمْ تَضْرِبْ	elle n'a pas frappé.

Duel

2e personne . . .	لَمْ تَضْرِبَا	vs n'avez pas frappé (tous deux).
3e pers.. masc.	لَمْ يَضْرِبَا	ils n'ont pas frappé id.
3e pers.. fém.	لَمْ تَضْرِبَا	elles n'ont pas frappé (toutes deux).

Pluriel

1re personne . . .	لَمْ نَضْرِبْ	nous n'avons pas frappé.
2e pers.. masc.	لَمْ تَضْرِبُوا	vous n'avez pas frappé.
2e pers.. fém.	لَمْ تَضْرِبْنَ	vous n'avez pas frappé (fém.).
3e pers.. masc.	لَمْ يَضْرِبُوا	ils n'ont pas frappé.
3e pers.. fém.	لَمْ يَضْرِبْنَ	elles n'ont pas frappé.

EMPLOI DE CE TEMPS

Un aoriste doit être lu au conditionnel lorsqu'il est précédé des particules suivantes, appelées en arabe جَوَازِم :

لَمْ *ne... pas* (donnant au verbe le sens du passé).	إِنْ *si.*
	مَنْ *quiconque.*
	أَيٌّ *quel...*
لِ *que...* (avec ordre : *qu'il sache !*)	مَا *quelque chose que...*
لَا *ne... pas* (avec défense : *ne sors pas !*)	مَهْمَا *quelque chose que...*
	لَمَّا *ne pas... encore.*

Et quelques autres, que l'on apprendra dans la suite.

(Au passif, on dira أُضْرَبْ, تُضْرَبْ, etc.)

IMPÉRATIF (اَلْأَمْرُ)

L'*impératif* se forme des secondes personnes de chaque nombre de l'aoriste conditionnel, en retranchant la première lettre, c'est-à-dire le تَ. Lorsque, après ce retranchement, la lettre qui suit porte un djezm, on ajoute au commencement du verbe un ا avec un ouesla. *(Voir page 16.)*

CONJUGAISON DE CE TEMPS

Singulier

2e pers.	masc.	اِضْرِبْ	frappe.
	fém.	اِضْرِبِي	frappe (fém.).

Duel

2e personne	اِضْرِبَا	frappez (tous deux).

Pluriel

2e pers.	masc.	اِضْرِبُوا	frappez.
	fém.	اِضْرِبْنَ	frappez (fém.).

NOTA. — La voix passive n'a pas d'impératif.

AORISTE ÉNERGIQUE LOURD

L'aoriste énergique lourd se forme de l'aoriste subjonctif, auquel on ajoute un ن avec un chadda. Ce temps est ordinairement précédé de la particule affirmative لَ *certes.*

CONJUGAISON DE CE TEMPS

Singulier

1re personne		لَأَفْعَلَنَّ	certes, je ferai, je ne manquerai pas de faire.
2e pers.	masc.	لَتَفْعَلَنَّ	certes, tu feras.
	fém.	لَتَفْعَلِنَّ	certes, tu feras (fém.).
3e pers.	masc.	لَيَفْعَلَنَّ	certes, il fera.
	fém.	لَتَفْعَلَنَّ	certes, elle fera.

Duel

2e personne		لَتَفْعَلَانِّ	certes, vous ferez (tous deux).
3e pers.	masc.	لَيَفْعَلَانِّ	certes, ils feront id.
	fém.	لَتَفْعَلَانِّ	certes, elles feront (toutes deux).

Pluriel

1re personne		لَنَفْعَلَنَّ	certes, nous ferons.
2e pers.	masc.	لَتَفْعَلُنَّ	certes, vous ferez.
	fém.	لَتَفْعَلْنَانِّ	certes, vous ferez (fém.).
3e pers.	masc.	لَيَفْعَلُنَّ	certes, ils feront.
	fém.	لَيَفْعَلْنَانِّ	certes, elles feront.

(Au passif, on dira أُفْعَلَنَّ, تُفْعَلَنَّ, etc.)

AORISTE ÉNERGIQUE LÉGER

Ce temps, plus rarement employé que le précédent, se forme aussi de l'aoriste subjonctif, auquel on ajoute un ن djezmé. Il est également accompagné habituellement de la particule لَ.

CONJUGAISON DE CE TEMPS

Singulier

1re personne...		لَأَقْتُلَنْ	certes, je tuerai, je ne manquerai pas de tuer.
2e pers..	masc.	لَتَقْتُلَنْ	certes, tu tueras.
	fém. .	لَتَقْتُلِنْ	certes, tu tueras (fém.).
3e pers..	masc.	لَيَقْتُلَنْ	certes, il tuera.
	fém. .	لَتَقْتُلَنْ	certes, elle tuera.

Duel

Manque.

Pluriel

1re personne...		لَنَقْتُلَنْ	certes, nous tuerons.
2e pers..	masc.	لَتَقْتُلُنْ	certes, vous tuerez.
	fém. .	Manque.	
3e pers..	masc.	لَيَقْتُلُنْ	certes, ils tueront.
	fém. .	Manque.	

Ces deux temps, desquels on tire quelquefois un impératif, sont employés lorsqu'on veut donner plus d'énergie à l'expression. Ils sont nommés par les grammairiens arabes : le 1er, الْمُضَارِع بِنُون التَّأْكِيد الثَّقِيلَة (aoriste avec le noun lourd marquant l'énergie); le 2e, الْمُضَارِع بِنُون التَّأْكِيد الخَفِيفَة (aoriste avec le noun léger marquant l'énergie).

VERBES QUADRILITÈRES

Les verbes *quadrilitères* sont ceux qui ont *quatre* lettres à la racine. Ils se conjuguent comme les verbes trilitères. A l'aoriste, la 1re lettre porte le son ـُ et l'avant-dernière radicale a le son ـِ; ex. : يُتَرْجِمُ .

CONJUGAISON

Prét. تَرْجَمْتُ, تَرْجَمْتَ, etc.

Aor... أُتَرْجِمُ, تُتَرْجِمُ, etc.

Imp.............. تَرْجِمْ, etc.

PARTICIPES

Le participe *présent* (اِسْمُ الْفَاعِل), dans le verbe primitif, a un ا après la 1re radicale ; il est du type فَاعِل ; ex. : ضَارِبٌ *frappant*.

Le participe *passé* (اِسْمُ المَفْعُول) a un مـ avant la 1re radicale et un و après la seconde ; il est du type مَفْعُولٌ ; ex. : مَقْتُولٌ *tué.*

Les participes, dans les verbes dérivés et quadrilitères, se forment de l'aoriste, en remplaçant la 1re lettre par un مـ portant le son ـُ. Le participe *présent* a le son ـِ sous l'avant-dernière radicale, et le participe *passé* le son ـَ. Ex. :

Aoriste :	Participe présent :	Participe passé :
يُكَرِّمُ	مُكَرِّمٌ	مُكَرَّمٌ
يَسْتَحْسِنُ	مُسْتَحْسِنٌ	مُسْتَحْسَنٌ
يُتَرْجِمُ	مُتَرْجِمٌ	مُتَرْجَمٌ

Comme exercice, conjuguer à tous les temps et aux deux voix les verbes suivants :

حَمَلَ	f. I,	porter.	حَزِنَ	f. A,	être triste.
فَتَحَ	f. A,	ouvrir.	كَرُمَ	f. O,	être généreux.
سَرَقَ	f. I,	voler.	زَلْزَلَ	f. يُزَلْزِلُ	agiter, remuer.
طَلَبَ	f. O,	demander.	بَعْثَرَ	f. يُبَعْثِرُ	bouleverser.
جَعَلَ	f. A,	placer.	حَسِبَ	f. A, I,	compter.
حَكَمَ	f. O,	juger.	عَرَفَ	f. I,	savoir.

(Dans les deux tableaux qui suivent, nous donnons la conjugaison d'un verbe primitif régulier trilitère à la voix active et à la voix passive.)

Conjugaison d'un verbe PRIMITIF

PERSONNES	PRÉTÉRIT	AORISTE INDICATIF	AORISTE SUBJONCTIF
	Singulier	Singulier	Singulier
1re personne . . .	فَعَلْتُ	أَفْعَلُ	أَفْعَلَ
2e pers. . masc.	فَعَلْتَ	تَفْعَلُ	تَفْعَلَ
2e pers. . fém. .	فَعَلْتِ	تَفْعَلِينَ	تَفْعَلِي
3e pers. . masc.	فَعَلَ	يَفْعَلُ	يَفْعَلَ
3e pers. . fém. .	فَعَلَتْ	تَفْعَلُ	تَفْعَلَ
	Duel	Duel	Duel
2e personne . . .	فَعَلْتُمَا	تَفْعَلَانِ	تَفْعَلَا
3e pers. . masc.	فَعَلَا	يَفْعَلَانِ	يَفْعَلَا
3e pers. . fém. .	فَعَلَتَا	تَفْعَلَانِ	تَفْعَلَا
	Pluriel	Pluriel	Pluriel
1re personne . . .	فَعَلْنَا	نَفْعَلُ	نَفْعَلَ
2e pers. . masc.	فَعَلْتُمْ	تَفْعَلُونَ	تَفْعَلُوا
2e pers. . fém. .	فَعَلْتُنَّ	تَفْعَلْنَ	تَفْعَلْنَ
3e pers. . masc.	فَعَلُوا	يَفْعَلُونَ	يَفْعَلُوا
3e pers. . fém. .	فَعَلْنَ	يَفْعَلْنَ	يَفْعَلْنَ

RÉGULIER TRILITÈRE *(Voix Active).*

AORISTE CONDITIONNEL	IMPÉRATIF	AORISTE ÉNERGIQUE LOURD	AORISTE ÉNERGIQUE LÉGER
Singulier	Singulier	Singulier	Singulier
أَفْعَلْ		أَفْعَلَنَّ	أَفْعَلَنْ
تَفْعَلْ	ٱفْعَلْ	تَفْعَلَنَّ	تَفْعَلَنْ
تَفْعَلِي	ٱفْعَلِي	تَفْعَلِنَّ	تَفْعَلِنْ
يَفْعَلْ		يَفْعَلَنَّ	يَفْعَلَنْ
تَفْعَلْ		تَفْعَلَنَّ	تَفْعَلَنْ
Duel	Duel	Duel	Duel
تَفْعَلَا	ٱفْعَلَا	تَفْعَلَانِّ	
يَفْعَلَا		يَفْعَلَانِّ	Manque.
تَفْعَلَا		تَفْعَلَانِّ	
Pluriel	Pluriel	Pluriel	Pluriel
نَفْعَلْ		نَفْعَلَنَّ	نَفْعَلَنْ
تَفْعَلُوا	ٱفْعَلُوا	تَفْعَلُنَّ	تَفْعَلُنْ
تَفْعَلْنَ	ٱفْعَلْنَ	تَفْعَلْنَانِّ	Manque.
يَفْعَلُوا		يَفْعَلُنَّ	يَفْعَلُنْ
يَفْعَلْنَ		يَفْعَلْنَانِّ	Manque.

Conjugaison d'un verbe PRIMITIF

PERSONNES	PRÉTÉRIT	AORISTE INDICATIF	AORISTE SUBJONCTIF
	Singulier	Singulier	Singulier
1re personne . . .	فُعِلْتُ	أُفْعَلُ	أُفْعَلَ
2e pers. . masc.	فُعِلْتَ	تُفْعَلُ	تُفْعَلَ
2e pers. . fém. .	فُعِلْتِ	تُفْعَلِينَ	تُفْعَلِي
3e pers. . masc.	فُعِلَ	يُفْعَلُ	يُفْعَلَ
3e pers. . fém. .	فُعِلَتْ	تُفْعَلُ	تُفْعَلَ
	Duel	Duel	Duel
2e personne . . .	فُعِلْتُمَا	تُفْعَلَانِ	تُفْعَلَا
3e pers. . masc.	فُعِلَا	يُفْعَلَانِ	يُفْعَلَا
3e pers. . fém. .	فُعِلَتَا	تُفْعَلَانِ	تُفْعَلَا
	Pluriel	Pluriel	Pluriel
1re personne . . .	فُعِلْنَا	نُفْعَلُ	نُفْعَلَ
2e pers. . masc.	فُعِلْتُمْ	تُفْعَلُونَ	تُفْعَلُوا
2e pers. . fém. .	فُعِلْتُنَّ	تُفْعَلْنَ	تُفْعَلْنَ
3e pers. . masc.	فُعِلُوا	يُفْعَلُونَ	يُفْعَلُوا
3e pers. . fém. .	فُعِلْنَ	يُفْعَلْنَ	يُفْعَلْنَ

RÉGULIER TRILITÈRE *(Voix Passive).*

AORISTE CONDITIONNEL	AORISTE ÉNERGIQUE LOURD	AORISTE ÉNERGIQUE LÉGER	PARTICIPES
Singulier	Singulier	Singulier	
أُفْعَلْ	أُفْعَلَنَّ	أُفْعَلَنْ	Présent
تُفْعَلْ	تُفْعَلَنَّ	تُفْعَلَنْ	فَاعِلٌ
تُفْعَلِي	تُفْعَلِنَّ	تُفْعَلِنْ	
يُفْعَلْ	يُفْعَلَنَّ	يُفْعَلَنْ	Passé
تُفْعَلْ	تُفْعَلَنَّ	تُفْعَلَنْ	مَفْعُولٌ
Duel	Duel	Duel	
تُفْعَلَا	تُفْعَلَانِّ		
يُفْعَلَا	يُفْعَلَانِّ	Manque.	
تُفْعَلَا	تُفْعَلَانِّ		
Pluriel	Pluriel	Pluriel	
نُفْعَلْ	نُفْعَلَنَّ	نُفْعَلَنْ	
تُفْعَلُوا	تُفْعَلُنَّ	تُفْعَلُنْ	
تُفْعَلْنَ	تُفْعَلْنَانِّ	Manque.	
يُفْعَلُوا	يُفْعَلُنَّ	يُفْعَلُنْ	
يُفْعَلْنَ	يُفْعَلْنَانِّ	Manque.	

DES VERBES DÉRIVÉS

Les verbes *dérivés*, avons-nous dit, sont ceux qui, outre les lettres radicales, ont un *chadda* ou des lettres formatives. Ils se conjuguent absolument comme le verbe primitif. Les racines trilitères ont neuf formes principales de verbes dérivés. En y ajoutant le verbe primitif, on a dix formes de verbes. Elles ont été classées suivant le nombre de signes ou de lettres ajoutés à la racine.

= La **Ire forme** est le verbe primitif. Elle marque l'*état* ou l'*action*.

= La **IIe forme** est caractérisée par un *chadda* placé sur la deuxième radicale ; elle a pour type فَعَّلَ. Elle a habituellement le sens de *faire faire ;* elle rend actif (مُتَعَدٍّ) un verbe qui est neutre (لَازِمْ) au primitif ; ex. : مَرَّضَ *rendre malade, faire malade ;* ضَرَّبَ *faire frapper*. Elle est souvent tirée d'un substantif ; ex. : خَبَّزَ *faire du pain,* de خُبْز *pain*. Elle signifie aussi *réciter une formule ;* ex. : رَحَّبَ *souhaiter la bienvenue,* dire à quelqu'un مَرْحَبًا بِكَ ; سَلَّمَ *saluer,* dire à quelqu'un اَلسَّلَامُ عَلَيْكَ. Elle marque encore la minutie : كَسَّرَ *casser par morceaux*.

= La **IIIe forme** est caractérisée par un ا placé après la première radicale ; elle a pour type فَاعَلَ. Elle ajoute au primitif le sens des prépositions *à, vers, contre*. Elle se construit sans la préposition qu'on emploierait avec le primitif ; ex. : كَاتَبَ ٱلْمَلِكَ *il a écrit au roi,* et non كَاتَبَ إِلَى ٱلْمَلِكِ.

= La **IVe forme**, qui a pour type أَفْعَلَ, a le sens de *faire faire* : أَخْبَرَ *faire savoir, informer*. Elle offre cette différence avec la seconde qu'elle signifie faire l'action spontanément, *d'un seul coup,* tandis que la seconde marque la *lenteur, la gradation ;* ex. : أَنْزَلَ *faire descendre, révéler tout entier ;* نَزَّلَ *faire descendre, révéler par parties, par fragments*. Elle signifie aussi *se diriger vers un lieu* : أَيْمَنَ *aller dans le Yémen*. Elle peut avoir un sens neutre.

= La **Ve forme** est caractérisée par un تَ placé avant la racine, et un *chadda* sur la deuxième radicale. Elle est du type تَفَعَّلَ. Elle a ordinairement le sens *pronominal* ou *passif ;* ex. : تَكَسَّرَ *se casser, être cassé ;* تَفَرَّقَ *se séparer*. Elle indique quelquefois l'énergie.

= La VIe **forme** est caractérisée par un تـ placé devant la racine, et un ا après la première radicale ; son type est تَفَاعَلَ. Elle donne au primitif le sens de *réciprocité, de mutualité;* elle signifie aussi *faire quelque chose à l'envi, contrefaire;* ex. : تَكَاتَبَ *s'écrire réciproquement;* تَضَارَبَ *se battre réciproquement;* تَلَاطَمَ *s'entre-choquer;* تَسَابَقَ *chercher à se dépasser;* تَمَارَضَ *faire le malade.*

= La VIIe **forme** est caractérisée par un نـ placé avant la racine, et un آ initial au prétérit (type آنْفَعَلَ). Elle donne au primitif le sens *passif* ou *pronominal;* ex. : آنْفَتَحَ *il a été ouvert;* آنْفَطَرَ *il s'est fendu.*

= La VIIIe **forme** est caractérisée par un تـ placé après la première radicale. Elle a aussi un آ initial au prétérit (type آفْتَعَلَ). Elle donne également au primitif le sens *pronominal* ou *passif.* Elle est d'un usage très fréquent, et peut avoir un grand nombre d'acceptions en dehors de celle que nous avons indiquée comme étant la plus habituelle ; ex. : آفْتَرَقَ *se séparer;* آجْتَمَعَ *se réunir;* آجْتَهَدَ *faire des efforts,* etc.

= La **IXe forme** est caractérisée par un *chadda* placé sur la dernière radicale (type اِفْعَلَّ). Elle sert à désigner les *couleurs* et les *difformités du corps;* ex. : اِصْفَرَّ *être jaune;* اِحْمَرَّ *être rouge;* اِحْدَبَّ *être bossu.*

= La **Xe forme** est caractérisée par اِسْتَـ placé devant la racine (type اِسْتَفْعَلَ). Elle signifie ordinairement *regarder comme, désirer, implorer, investir d'un emploi;* ex. : اِسْتَغْفَرَ *implorer le pardon;* اِسْتَحْسَنَ *regarder comme bon, approuver;* اِسْتَخْلَفَ *nommer quelqu'un son successeur.*

Les verbes **quadrilitères** n'ont que trois formes de verbes dérivés, outre le primitif, qui représente la Ire forme et qui correspond à la Ire des verbes trilitères; — la IIe correspond à la Ve; — la IIIe à la VIIe; — et la IVe à la IXe.

DU NOM D'ACTION

Le *nom d'action* (مَصْدَر ou اِسْمُ ٱلْفِعْل) est un nom tiré du verbe, dont il renferme le sens, mais d'une manière abstraite, sans aucune idée de temps. Il correspond assez souvent à notre infinitif, surtout employé substantivement ; ex. : *Craindre Dieu, c'est le principe de la sagesse ;* on dirait, en arabe : l'*action de craindre Dieu... ; — Mentir est une chose honteuse ;* on dirait, en arabe : l'*action de mentir...,* etc. Le nom d'action est cependant, dans la grammaire arabe, une espèce de mots distincte auxquels on ne saurait assimiler exactement aucun mot de notre langue.

Le verbe primitif a des formes de noms d'action très nombreuses, que les dictionnaires indiquent presque toujours. Les plus employées sont : فَعْلٌ, فِعْلٌ, فُعْلٌ, فَعَلٌ, فُعُولٌ, فُعُولَةٌ, فِعْلَانٌ. — Les trois premières viennent souvent de verbes actifs ; la quatrième, des verbes neutres de la forme فَعِلَ ; la cinquième, de verbes d'action neutres.

Nous donnons, dans les deux tableaux qui suivent, les noms d'action des verbes trilitères et quadrilitères dérivés. La voix passive n'a pas de noms d'action.

Voici quelques verbes dérivés que l'on pourra s'exercer à conjuguer à tous les temps :

كَلَّمَ	adresser la parole.	تَقَاتَلَ	s'entre-tuer.
عَلَّقَ	suspendre.	تَلَاطَمَ	s'entre-choquer.
بَارَكَ	bénir.	ٱنْفَطَرَ	s'entr'ouvrir.
طَالَبَ	réclamer.	ٱنْتَثَرَ	être dispersé.
أَدْرَكَ	atteindre.	ٱفْتَرَسَ	mettre en pièces.
أَنْبَتَ	faire pousser.	ٱجْتَمَعَ	se réunir.
أَطْعَمَ	nourrir.	ٱخْضَرَّ	être vert.
تَذَكَّرَ	se rappeler.	ٱزْرَقَّ	être bleu.
تَكَلَّمَ	parler.	ٱسْتَحْسَنَ	approuver.

Tableau des formes dérivées d'un verbe **RÉGULIER TRILITÈRE**

NUMÉROS des FORMES	VOIX ACTIVE			VOIX PASSIVE		PARTICIPES		NOMS D'ACTION
	PRÉTÉRIT	AORISTE	IMPÉRATIF	PRÉTÉRIT	AORISTE	PRÉSENT	PASSÉ	
I	فَعَلَ	يَفْعَلُ	اُفْعُلْ	فُعِلَ	يُفْعَلُ	فَاعِلٌ	مَفْعُولٌ	Variable.
II	فَعَّلَ	يُفَعِّلُ	فَعِّلْ	فُعِّلَ	يُفَعَّلُ	مُفَعِّلٌ	مُفَعَّلٌ	تَفْعِيلٌ ou تَفْعِلَةٌ
III	فَاعَلَ	يُفَاعِلُ	فَاعِلْ	فُوعِلَ	يُفَاعَلُ	مُفَاعِلٌ	مُفَاعَلٌ	مُفَاعَلَةٌ ou فِعَالٌ
IV	أَفْعَلَ	يُفْعِلُ	أَفْعِلْ	أُفْعِلَ	يُفْعَلُ	مُفْعِلٌ	مُفْعَلٌ	إِفْعَالٌ
V	تَفَعَّلَ	يَتَفَعَّلُ	تَفَعَّلْ	تُفُعِّلَ	يُتَفَعَّلُ	مُتَفَعِّلٌ	مُتَفَعَّلٌ	تَفَعُّلٌ
VI	تَفَاعَلَ	يَتَفَاعَلُ	تَفَاعَلْ	تُفُوعِلَ	يُتَفَاعَلُ	مُتَفَاعِلٌ	مُتَفَاعَلٌ	تَفَاعُلٌ
VII	اِنْفَعَلَ	يَنْفَعِلُ	اِنْفَعِلْ	اُنْفُعِلَ	يُنْفَعَلُ	مُنْفَعِلٌ	مُنْفَعَلٌ	اِنْفِعَالٌ
VIII	اِفْتَعَلَ	يَفْتَعِلُ	اِفْتَعِلْ	اُفْتُعِلَ	يُفْتَعَلُ	مُفْتَعِلٌ	مُفْتَعَلٌ	اِفْتِعَالٌ
IX	اِفْعَلَّ	يَفْعَلُّ	اِفْعَلِلْ	Manque.	Manque.	مُفْعَلٌّ	Manque.	اِفْعِلَالٌ
X	اِسْتَفْعَلَ	يَسْتَفْعِلُ	اِسْتَفْعِلْ	اُسْتُفْعِلَ	يُسْتَفْعَلُ	مُسْتَفْعِلٌ	مُسْتَفْعَلٌ	اِسْتِفْعَالٌ

NUMÉROS des FORMES	VOIX ACTIVE			VOIX PASSIVE		PARTICIPES		NOMS D'ACTION
	PRÉTÉRIT	AORISTE	IMPÉRATIF	PRÉTÉRIT	AORISTE	PRÉSENT	PASSÉ	
I	فَعْلَلَ	يُفَعْلِلُ	فَعْلِلْ	فُعْلِلَ	يُفَعْلَلُ	مُفَعْلِلٌ	مُفَعْلَلٌ	فِعْلَالٌ
II	تَفَعْلَلَ	يَتَفَعْلَلُ	تَفَعْلَلْ	تُفُعْلِلَ	يُتَفَعْلَلُ	مُتَفَعْلِلٌ	مُتَفَعْلَلٌ	تَفَعْلُلٌ
III	ٱفْعَنْلَلَ	يَفْعَنْلِلُ	ٱفْعَنْلِلْ	ٱفْعُنْلِلَ	يُفْعَنْلَلُ	مُفْعَنْلِلٌ	مُفْعَنْلَلٌ	ٱفْعِنْلَالٌ
IV	ٱفْعَلَلَّ	يَفْعَلِلُّ	ٱفْعَلْلِلْ	ٱفْعُلِلَّ	يُفْعَلَلُّ	مُفْعَلِلٌّ	مُفْعَلَلٌّ	ٱفْعِلْلَالٌ

Remarques. — 1° Les voyelles des verbes dérivés et quadrilitères, aux différents temps, sont les mêmes pour tous les verbes ; il ne peut y avoir d'incertitude que pour la voyelle de la deuxième radicale, au prétérit et à l'aoriste du primitif ;

2° Les verbes dérivés peuvent avoir une signification complètement étrangère à celle du primitif ;

3° Celui-ci peut même ne pas exister ;

4° Enfin, un verbe peut être employé à une forme quelconque dérivée avec un sens autre que celui que nous avons indiqué.

REMARQUES SUR LES VERBES DÉRIVÉS

= Au prétérit actif de toutes les formes, les consonnes qui portent une voyelle ont le son A.

= Les formes qui ont un ا initial au prétérit, le perdent à l'aoriste et le reprennent à l'impératif.

= L'impératif de la IVe forme commence par un ا surmonté d'un *hamza* et du son A. Cet alif se retrouve à l'impératif de tous les verbes à la IVe forme, même lorsque la lettre qui suit n'est pas djezmée.

= La première lettre de l'aoriste porte le son A, excepté aux IIe, IIIe et IVe formes, où elle a le son OU.

A ce temps, l'avant-dernière radicale a le son I, excepté aux Ve et VIe formes, où elle a le son A. A la IXe forme, la dernière syllabe لّ est pour لِلَ.

= Au prétérit passif des IIIe et VIe formes, la lettre de prolongation ا se change en و, à cause du *damma* qui précède.

= On rencontre quelquefois, surtout dans le Koran, aux Ve et VIe formes : اَقّعّلَ et اَقّاعَلَ, *aor.* يَقّعّلُ et يَقّاعَلُ.

= Le ـتَ caractéristique des Ve et VIe formes peut disparaître aux personnes de l'aoriste commençant par cette lettre.

= Certains verbes offrent quelques particularités à la VIIIe forme :

1° Si la première radicale est une lettre dure (ص, ض, ط, ظ), le ـتَ de la VIIIe forme se change en ط ; ex. : آصْطَلَحَ *se réconcilier*, pour آصْتَلَحَ ;

2° Si cette première radicale est un ـتَ ou un ط, un ـثَ, un د ou un ذ, le ـتَ de la VIIIe forme disparaît, et l'on met un *chadda* sur la première radicale ; ex. : آتَّبَعَ *suivre*, pour آتْتَبَعَ ; آطَّرَحَ *jeter*, pour آطْطَرَحَ ; آدَّفَعَ *pousser*, pour آدْتَفَعَ ; آذَّخَرَ *mettre de côté*, pour آذْتَخَرَ. Cependant, pour les racines commençant par un ـثَ et un ذ, on peut changer le ـثَ en ـتَ et le ذ en د ; ex. : آدَّخَرَ ;

3° Si la première radicale est un ض ou un ظ, on peut faire la contraction ou conserver la lettre de la racine et celle de la forme ; ainsi, l'on peut dire : آضطَّجَعَ *se coucher*, pour آضْتَجَعَ, ou آضَّجَعَ, ou encore آطَّجَعَ ; آظَّفَرَ *enfoncer les ongles*, pour آظْتَفَرَ ou آظطَّفَرَ ;

4° Si la première radicale est un ز, le ـتَ de la

VIIIe forme se change en د ; ex. : آزْدَحَمَ *s'assembler*, pour آزْتَحَمَ.

= A la Xe forme des racines commençant par un ط ou un ظ, le تَ disparaît quelquefois.

= Les racines terminées par un تَ contractent, à toutes les formes, ce تَ avec les terminaisons du prétérit qui commencent par cette lettre ; ex. : مَقَتُّ *j'ai haï*, pour مَقَتْتُ ; آلْتَفَتُّنَّ *vous vous êtes retournées* (fém.), pour آلْتَفَتْتُنَّ. — La contraction a lieu encore si la dernière lettre est un ث, ط, د, ذ, ض, ظ, mais la radicale subsiste dans l'écriture ; ex. : بَعَثْتَّ *tu as envoyé*, حَمِدتُّم *vous avez louangé*, خَرَطْتُّمَا *vous avez enlevé l'écorce*.

Lorsque la dernière lettre d'une racine est un ن, on la contracte avec le ن des terminaisons du prétérit et de l'aoriste ; ex. : عَجَنَّا *nous avons pétri*, pour عَجَنْنَا ; يَعْجِنَّ *elles pétriront*, pour يَعْجِنْنَ.

Outre les dix formes données dans le tableau, il y en a cinq autres, d'un usage moins fréquent, qui sont : XIe آفْعَالَّ, XIIe آفْعَوْعَلَ, XIIIe آفْعَوَّلَ, XIVe آفْعَنْلَلَ, XVe آفْعَنْلَى.

DES VERBES DITS IRRÉGULIERS

VERBES SOURDS

On appelle verbes *sourds* (فِعْلٌ أَصَمّ ou فِعْلٌ مُضَاعَفٌ) ceux dont les deux dernières radicales sont semblables, comme بلل.

Pour conjuguer ces verbes, il faut tenir compte des règles suivantes :

1° Contracter les deux radicales semblables toutes les fois que la seconde ne doit pas porter de djezm, et donner pour voyelle celle de la dernière radicale ; ex. : بَلَّ pour بَلَلَ ; بُلَّ pour بُلِلَ ; بَالٌّ pour بَالِلٌ ; يَبْتَلُّ pour يَبْتَلِلُ, etc. ; mais on dira : بَلَلْتُ *j'ai mouillé,* بَلَلْنَا *nous avons mouillé,* بُلِلْتُ *j'ai été mouillé,* etc. ;

2° Lorsque, après la contraction, la lettre qui précède porte un djezm, on lui donne une voyelle qui est celle qu'aurait dû avoir la première des lettres contractées ; ex. : أَبْلُلُ, d'après la première règle, deviendra أَبْلُّ, et d'après la présente règle, أَبُلُّ. De même, أَبَلَّ est pour أَبْلَلَ ; يُبِلُّ pour يُبْلِلُ ; يَبِرُّ pour يَبْرِرُ, etc. ;

3° La contraction n'a pas lieu si l'une des radicales doit avoir un *chadda,* ou si elles doivent être séparées par une lettre de prolongation ; ex. : بَلَّلَ , مَبْلُولٌ.

Remarques. — Il suit de la première partie de cette dernière règle, que les verbes sourds sont réguliers aux IIe, Ve et IXe formes ; celle-ci semble ne pouvoir pas exister. — L'aoriste conditionnel des verbes sourds se conjugue souvent comme l'aoriste subjonctif. On donne même quelquefois à la dernière radicale la voyelle I. Dans les verbes dont la 2e radicale a le son ـَ à l'aoriste, on peut aussi donner un *damma* à la dernière radicale, à ce temps. L'impératif peut donc avoir trois formes. — Les verbes à la IXe forme de toutes les racines suivent la conjugaison des verbes sourds.

A la voix passive, on conjuguera ainsi :

Prét. بُلِلْتُ, بُلِلْتَ, بُلَّ ; بُلَّتْ, etc.

Aor. ind. أُبَلُّ, تُبَلُّ, تُبَلِّينَ, etc.

Aor. subj. أُبَلَّ, تُبَلَّ, تُبَلِّي, etc.

Aor. cond....... أُبْلَلْ ou أُبَلَّ, etc.

Aor. én. lourd.......... أُبَلَّنَّ, etc.

Aor. én. léger........... أُبَلَّنْ, etc.

Part..................... مُبْلُولٌ.

Quelquefois, on conjugue les verbes sourds comme des verbes défectueux *(Voir plus loin)*, aux personnes où les deux radicales semblables doivent être dédoublées.

Voici quelques verbes sourds que l'on pourra s'exercer à conjuguer aux différents temps et à faire passer aux dix premières formes, en se conformant aux deux tableaux suivants :

تَبَّ	f. O,	couper.	رَدَّ	f. O,	rendre.
تَمَّ	f. I,	finir.	زَلَّ	f. I,	glisser.
جَرَّ	f. O,	traîner.	سَبَّ	f. O,	injurier.
حَلَّ	f. I,	faire halte.	شَقَّ	f. O,	fendre.
خَصَّ	f. O,	être particulier à.	صَفَّ	f. O,	ranger.
دَسَّ	f. O,	cacher.	ضَمَّ	f. O,	rassembler.
ذَرَّ	f. O,	saupoudrer.	عَزَّ	f. I,	être puissant.

Conjugaison d'un

PERSONNES	PRÉTÉRIT	AORISTE INDICATIF	AORISTE SUBJONCTIF
	Singulier	Singulier	Singulier
1re personne . . .	بَلَلْتُ	أَبُلُّ	أَبُلَّ
2e pers.. masc.	بَلَلْتَ	تَبُلُّ	تَبُلَّ
2e pers.. fém. .	بَلَلْتِ	تَبُلِّينَ	تَبُلِّي
3e pers.. masc.	بَلَّ	يَبُلُّ	يَبُلَّ
3e pers.. fém. .	بَلَّتْ	تَبُلُّ	تَبُلَّ
	Duel	Duel	Duel
2e personne . . .	بَلَلْتُمَا	تَبُلَّانِ	تَبُلَّا
3e pers.. masc.	بَلَّا	يَبُلَّانِ	يَبُلَّا
3e pers.. fém. .	بَلَّتَا	تَبُلَّانِ	تَبُلَّا
	Pluriel	Pluriel	Pluriel
1re personne . . .	بَلَلْنَا	نَبُلُّ	نَبُلَّ
2e pers.. masc.	بَلَلْتُمْ	تَبُلُّونَ	تَبُلُّوا
2e pers.. fém. .	بَلَلْتُنَّ	تَبْلُلْنَ	تَبْلُلْنَ
3e pers.. masc.	بَلُّوا	يَبُلُّونَ	يَبُلُّوا
3e pers.. fém. .	بَلَلْنَ	يَبْلُلْنَ	يَبْلُلْنَ

erbe SOURD

AORISTE CONDITIONNEL	IMPÉRATIF		AORISTE ÉNERGIQUE LOURD	AORISTE ÉNERGIQUE LÉGER
Singulier	Singulier		Singulier	Singulier
أَبْلُلْ ou أَبُلَّ	2e personne		أَبُلَّنَّ	أَبُلَّنْ
تَبْلُلْ	masc.	اُبْلُلْ	تَبُلَّنَّ	تَبُلَّنْ
تَبُلِّي	masc.	بُلَّ	تَبُلِّنَّ	تَبُلِّنْ
يَبْلُلْ	masc.	بُلِّ	يَبُلَّنَّ	يَبُلَّنْ
تَبْلُلْ	fém...	بُلِّي	تَبُلَّنَّ	تَبُلَّنْ
Duel	Duel		Duel	Duel
تَبُلَّا		بُلَّا	تَبُلَّانِّ	
يَبُلَّا			يَبُلَّانِّ	Manque.
تَبُلَّا			تَبُلَّانِّ	
Pluriel	Pluriel		Pluriel	Pluriel
نَبْلُلْ			نَبُلَّنَّ	نَبُلَّنْ
تَبُلُّوا		بُلُّوا	تَبُلُّنَّ	تَبُلُّنْ
تَبْلُلْنَ		اُبْلُلْنَ	تَبْلُلْنَانِّ	Manque.
يَبُلُّوا			يَبُلُّنَّ	يَبُلُّنْ
يَبْلُلْنَ			يَبْلُلْنَانِّ	Manque.

Tableau des formes dérivées d'un verbe SOURD

NUMÉROS des FORMES	VOIX ACTIVE			VOIX PASSIVE		PARTICIPES		NOMS D'ACTION
	PRÉTÉRIT	AORISTE	IMPÉRATIF	PRÉTÉRIT	AORISTE	PRÉSENT	PASSÉ	
I	بَلَّ	يَبُلُّ	بُلَّ ou ٱبْلُلْ	بُلَّ	يُبَلُّ	بَالٌّ	مَبْلُولٌ	بَلٌّ ou بَلَلٌ
II	بَلَّلَ	يُبَلِّلُ	بَلِّلْ	بُلِّلَ	يُبَلَّلُ	مُبَلِّلٌ	مُبَلَّلٌ	تَبْلِيلٌ et تَبِلَّةٌ
III	بَالَّ	يُبَالُّ	بَالِلْ	بُولَّ	يُبَالُّ	مُبَالٌّ	مُبَالٌّ	مُبَالَّةٌ
IV	أَبَلَّ	يُبِلُّ	أَبِلَّ ou أَبْلِلْ	أُبِلَّ	يُبَلُّ	مُبِلٌّ	مُبَلٌّ	إِبْلَالٌ
V	تَبَلَّلَ	يَتَبَلَّلُ	تَبَلَّلْ	تُبُلِّلَ	يُتَبَلَّلُ	مُتَبَلِّلٌ	مُتَبَلَّلٌ	تَبَلُّلٌ
VI	تَبَالَّ	يَتَبَالُّ	تَبَالَلْ	تُبُولَّ	يُتَبَالُّ	مُتَبَالٌّ	مُتَبَالٌّ	تَبَالٌّ
VII	ٱنْبَلَّ	يَنْبَلُّ	ٱنْبَلِلْ	ٱنْبُلَّ	يُنْبَلُّ	مُنْبَلٌّ	مُنْبَلٌّ	ٱنْبِلَالٌ
VIII	ٱبْتَلَّ	يَبْتَلُّ	ٱبْتَلِلْ	ٱبْتُلَّ	يُبْتَلُّ	مُبْتَلٌّ	مُبْتَلٌّ	ٱبْتِلَالٌ
IX	ٱبْلَلَّ	....	....	....	....	....	....	....
X	ٱسْتَبَلَّ	يَسْتَبِلُّ	ٱسْتَبْلِلْ	ٱسْتُبِلَّ	يُسْتَبَلُّ	مُسْتَبِلٌّ	مُسْتَبَلٌّ	ٱسْتِبْلَالٌ

VERBES ASSIMILÉS

On appelle verbes *assimilés* (فِعْل مِثال) ceux dont la première radicale est une lettre faible. Ces verbes se conjuguent régulièrement au prétérit, à tous les temps de la voix passive et aux formes dérivées.

Les verbes assimilés commençant par un يـ, et ceux commençant par un و qui font f. A, se conjuguent régulièrement à l'aoriste et à l'impératif. Quant à ceux qui commencent par un و et qui font f. I, ils perdent leur lettre faible à l'*aoriste* et à l'*impératif;* ex. : وَصَلَ *il est arrivé,* f. يَصِلُ et non يَوْصِلُ *il arrivera;* imp. صِلْ *arrive.*

Sept verbes, faisant f. A, perdent également leur lettre faible à ces temps. Ce sont :

وَدَعَ	f.	يَدَعُ	*il a laissé;*
(inus.) وَذِرَ	f.	يَذَرُ	*il a laissé;*
وَسِعَ	f.	يَسَعُ	*il a été large;*
وَضَعَ	f.	يَضَعُ	*il a placé;*
وَطِئَ	f.	يَطَأُ	*il a foulé aux pieds;*
وَقَعَ	f.	يَقَعُ	*il est tombé;*
وَهَبَ	f.	يَهَبُ	*il a donné.*

Beaucoup de verbes assimilés, quoique appartenant à la forme فَعِلَ, font f. I. *(Voy. p. 28.)* — A la VIIIe forme de toutes les racines assimilées, la lettre faible se contracte avec le تَ ; ex. : اِتَّصَلَ f. يَتَّصِلُ, pour اِوْتَصَلَ f. يَوْتَصِلُ. Dans le nom d'action du primitif, il arrive souvent aussi que la lettre faible disparaît ; ex. : صِلَةٌ de وَصَلَ, سَعَةٌ de وَسِعَ.

Dans la conjugaison des verbes assimilés, il faut, en outre, tenir compte des règles suivantes :

1° Un و, devant porter un *djezm,* le perd si la lettre précédente porte le son *ou;* ex. : يُوصِلُ pour يُوْصِلُ ; مُوصَلٌ pour مُوْصَلٌ. Il en est de même du ي précédé du son *i;*

2° Un و, devant porter un *djezm,* se change en ي si la lettre qui précède a le son *i.* De même, le ي se change en و si la lettre qui précède a le son *ou;* ex. : إِيصَالٌ pour إِوْصَالٌ (n. d'act. de la IVe f.) ; مِيزَانٌ pour مِوْزَانٌ *balance ;* مُوتِمٌ pour مُيْتِمٌ *qui a des enfants orphelins.*

A la voix passive, on conjuguera ainsi :

Prét.................. وُصِلْتُ, etc.

Aor. ind. أُوصَلُ, تُوصَلُ, تُوصَلِينَ, etc.

Aor. subj............... أُوصَلَ, etc.

Aor. cond.............. أُوصَلْ, etc.

S'exercer à conjuguer aux différents temps et à faire passer aux différentes formes, les verbes assimilés suivants :

وَتَرَ f. يَتِرُ détester.
وَثَبَ f. يَثِبُ se jeter sur.
وَثِقَ f. يَثِقُ avoir confiance.
وَجَدَ f. يَجِدُ trouver.
وَجِعَ f. يَجِعُ avoir une douleur.
وَرِثَ f. يَرِثُ hériter.
وَصَفَ f. يَصِفُ décrire.
يَبِسَ f. يَيْبَسُ sécher.
يَتَمَ f. يَيْتُمُ devenir orphelin.

Conjugaison d'un

PERSONNES	PRÉTÉRIT	AORISTE INDICATIF	AORISTE SUBJONCTIF
	Singulier	Singulier	Singulier
1re personne . . .	وَصَلْتُ	أَصِلُ	أَصِلَ
2e pers.. masc.	وَصَلْتَ	تَصِلُ	تَصِلَ
2e pers.. fém. .	وَصَلْتِ	تَصِلِينَ	تَصِلِي
3e pers.. masc.	وَصَلَ	يَصِلُ	يَصِلَ
3e pers.. fém. .	وَصَلَتْ	تَصِلُ	تَصِلَ
	Duel	Duel	Duel
2e personne . . .	وَصَلْتُمَا	تَصِلَانِ	تَصِلَا
3e pers.. masc.	وَصَلَا	يَصِلَانِ	يَصِلَا
3e pers.. fém. .	وَصَلَتَا	تَصِلَانِ	تَصِلَا
	Pluriel	Pluriel	Pluriel
1re personne . . .	وَصَلْنَا	نَصِلُ	نَصِلَ
2e pers.. masc.	وَصَلْتُمْ	تَصِلُونَ	تَصِلُوا
2e pers.. fém. .	وَصَلْتُنَّ	تَصِلْنَ	تَصِلْنَ
3e pers.. masc.	وَصَلُوا	يَصِلُونَ	يَصِلُوا
3e pers.. fém. .	وَصَلْنَ	يَصِلْنَ	يَصِلْنَ

erbe ASSIMILÉ

AORISTE CONDITIONNEL	IMPÉRATIF	AORISTE ÉNERGIQUE LOURD	AORISTE ÉNERGIQUE LÉGER
Singulier	Singulier	Singulier	Singulier
أَصِلْ		أَصِلَنَّ	أَصِلَنْ
تَصِلْ	صِلْ	تَصِلَنَّ	تَصِلَنْ
تَصِلِي	صِلِي	تَصِلِنَّ	تَصِلِنْ
يَصِلْ		يَصِلَنَّ	يَصِلَنْ
تَصِلْ		تَصِلَنَّ	تَصِلَنْ
Duel	Duel	Duel	Duel
تَصِلَا	صِلَا	تَصِلَانِّ	
يَصِلَا		يَصِلَانِّ	Manque.
تَصِلَا		تَصِلَانِّ	
Pluriel	Pluriel	Pluriel	Pluriel
نَصِلْ		نَصِلَنَّ	نَصِلَنْ
تَصِلُوا	صِلُوا	تَصِلُنَّ	تَصِلُنْ
تَصِلْنَ	صِلْنَ	تَصِلْنَانِّ	Manque.
يَصِلُوا		يَصِلُنَّ	يَصِلُنْ
يَصِلْنَ		يَصِلْنَانِّ	Manque.

Tableau des formes dérivées d'un verbe ASSIMILÉ

NUMÉROS des FORMES	VOIX ACTIVE			VOIX PASSIVE		PARTICIPES		NOMS D'ACTION
	PRÉTÉRIT	AORISTE	IMPÉRATIF	PRÉTÉRIT	AORISTE	PRÉSENT	PASSÉ	
I	وَصَلَ	يَصِلُ	صِلْ	وُصِلَ	يُوصَلُ	وَاصِلٌ	مَوْصُولٌ	صِلَةٌ ,وَصْلٌ
II	وَصَّلَ	يُوَصِّلُ	وَصِّلْ	وُصِّلَ	يُوَصَّلُ	مُوَصِّلٌ	مُوَصَّلٌ	تَوْصِيلٌ
III	وَاصَلَ	يُوَاصِلُ	وَاصِلْ	وُوصِلَ	يُوَاصَلُ	مُوَاصِلٌ	مُوَاصَلٌ	مُوَاصَلَةٌ
IV	أَوْصَلَ	يُوصِلُ	أَوْصِلْ	أُوصِلَ	يُوصَلُ	مُوصِلٌ	مُوصَلٌ	إِيصَالٌ
V	تَوَصَّلَ	يَتَوَصَّلُ	تَوَصَّلْ	تُوُصِّلَ	يُتَوَصَّلُ	مُتَوَصِّلٌ	مُتَوَصَّلٌ	تَوَصُّلٌ
VI	تَوَاصَلَ	يَتَوَاصَلُ	تَوَاصَلْ	تُوُوصِلَ	يُتَوَاصَلُ	مُتَوَاصِلٌ	مُتَوَاصَلٌ	تَوَاصُلٌ
VII	اِنْوَصَلَ	يَنْوَصِلُ	اِنْوَصِلْ	اُنْوُصِلَ	يُنْوَصَلُ	مُنْوَصِلٌ	مُنْوَصَلٌ	اِنْوِصَالٌ
VIII	اِتَّصَلَ	يَتَّصِلُ	اِتَّصِلْ	اُتُّصِلَ	يُتَّصَلُ	مُتَّصِلٌ	مُتَّصَلٌ	اِتِّصَالٌ
IX	اِوْصَلَّ	يَوْصَلُّ	اِوْصَلِلْ	Manque.	Manque.	مُوصَلٌّ	Manque.	اِوْصِلَالٌ
X	اِسْتَوْصَلَ	يَسْتَوْصِلُ	اِسْتَوْصِلْ	اُسْتُوصِلَ	يُسْتَوْصَلُ	مُسْتَوْصِلٌ	مُسْتَوْصَلٌ	اِسْتِيصَالٌ

VERBES CONCAVES

On appelle verbes *concaves* (فِعْلٌ أَجْوَفُ) ceux dont la deuxième radicale est une lettre faible, و ou ي.

Pour conjuguer ces verbes, il faut tenir compte des règles suivantes :

1° Les lettres و et ي ne subissent aucun changement lorsqu'elles doivent être surmontées d'un *chadda,* ou suivies d'une lettre portant un *chadda* ou un *djezm.* Elles doivent alors être considérées comme ayant la même *force* que les autres consonnes ; ex. : لَوَّمَ, سَيَّرَ, أَلْوَمَ, أَسْيَرَ, etc. ;

2° Les lettres و et ي ne subissent pas non plus de changement, si elles sont précédées ou suivies d'une lettre de prolongation ; ex. : قَاوَلَ, سَايَرَ, etc. Cependant, si un و est précédé du son *i,* il peut se changer en يِ ; ex. : فِيَامٌ, أَلْتِيَامٌ, pour فِوَامٌ, أَلْتِوَامُ, etc. (De ces deux règles, il suit que les verbes concaves se conjuguent régulièrement aux IIe, IIIe, V^e^, VIe et IXe formes) ;

3° En général (1), le و et le ي se changent en ا lorsque

(1) Lorsque nous employons l'expression *en général,* c'est que la règle est sujette à exceptions.

la lettre qui précède a le son *a ;* ex. : لَامَ *il a blâmé,* pour لَوَمَ ; سَارَ *il a marché,* pour سَيَرَ ; خَافَ *il a craint,* pour خَوِفَ ;

4° En général, un و ou un ي devant porter le son *a* se change en ا, et un و devant porter le son *i* se change en يـ. Ces lettres deviennent alors lettres de prolongation ; ex. : أَلَامَ pour أَلْوَمَ ; يُلِيمُ pour يُلْوِمُ ; لِيمَ pour لُوِمَ ; يَخَافُ pour يَخْوَفُ, etc. ;

5° On évite de mettre des voyelles sur les lettres faibles, surtout le son *ou* sur le و et le ي, et le son *i* sous le يـ. Si la consonne précédente est djezmée, on lui donne la voyelle correspondant à la lettre faible, qui devient de prolongation ; ex. : يَلُومُ pour يَلْوُمُ ; يَسِيرُ pour يَسْيِرُ, etc. ;

6° Une lettre de prolongation disparaît lorsqu'elle doit être suivie d'un *djezm ;* ex. : يَلُمْ pour يَلُومْ ; سِرْ pour سِيرْ ; أَقَمْتُ pour أَقَامْتُ. — Au prétérit du primitif, pour rappeler la lettre faible, on met le son *ou* sur la première consonne lorsque la racine a un و et appartient à la forme فَعَلَ ou فَعُلَ, et le son *i* lorsque la racine a un يـ ou un و, étant de la forme فَعِلَ ; ex. : لُمْتُ pour لَامْتُ, pour لَوَمْتُ ; سِرْتُ pour سَارْتُ, pour سَيَرْتُ ; خِفْتُ pour خَافْتُ, pour خَوِفْتُ ;

7° On évite la rencontre des lettres de prolongation entre elles ; ex. : مَلُومٌ pour مَلْوُومٌ ; مَسِيرٌ pour مَسْيُورٌ.

Remarques. — Il y a quelques racines concaves qui se conjuguent régulièrement, soit au primitif, soit aux dérivés. — Dans le participe présent du primitif, la lettre faible se change toujours en ء : سَآئِرٌ, لَآئِمٌ. — Le participe passé du primitif est quelquefois régulier ; ex. : مَبْيُوعٌ *vendu*. — Dans le nom d'action des IVe et X^e formes, on ajoute un ة et l'on supprime la lettre de prolongation ; ex. : إِلَامَةٌ et آسْتِلَامَةٌ, pour إِلْوَامٌ et آسْتِلْوَامٌ.

A la voix passive, tous les verbes concaves se conjuguent sur le même modèle :

Prét. لِيمَتْ, لِيمَ, لِمْتِ, لِمْتَ, لِمْتُ, etc.
Aor. ind.................... أُلَامُ, تُلَامُ, etc.
Aor. subj.................... أُلَامَ, تُلَامَ, etc.
Aor. cond......... أُلَمْ, تُلَمْ, تُلَامِي, etc.

Cependant, lorsque la racine renferme un و, on conserve quelquefois le son ـُ sur la 1re radicale, au prétérit passif : لُمْتُ pour لِمْتُ, etc.

Le verbe suivant, qui n'est employé qu'au prétérit et qui est d'un usage fréquent, doit être considéré comme un verbe concave :

Singulier

1re personne . . .		لَسْتُ	je ne suis pas.
2e pers..	masc.	لَسْتَ	tu n'es pas.
	fém. .	لَسْتِ	tu n'es pas (fém.).
3e pers..	masc.	لَيْسَ	il n'est pas.
	fém. .	لَيْسَتْ	elle n'est pas.

Duel

2e personne . . .		لَسْتُمَا	vous n'êtes pas (tous deux).
3e pers..	masc.	لَيْسَا	ils ne sont pas id.
	fém. .	لَيْسَتَا	elles ne sont pas (toutes deux).

Pluriel

1re personne . . .		لَسْنَا	nous ne sommes pas.
2e pers..	masc.	لَسْتُمْ	vous n'êtes pas.
	fém. .	لَسْتُنَّ	vous n'êtes pas (fém.).
3e pers..	masc.	لَيْسُوا	ils ne sont pas.
	fém. .	لَسْنَ	elles ne sont pas.

Pour faciliter la pagination, nous sommes obligés de donner le tableau des formes dérivées des verbes CONCAVES *avant la conjugaison de ces verbes, ce qui ne peut plus présenter d'inconvénients.*

Tableau des formes dérivées d'un verbe CONCAVE

NUMÉROS des FORMES	VOIX ACTIVE			VOIX PASSIVE		PARTICIPES		NOMS D'ACTION
	PRÉTÉRIT	AORISTE	IMPÉRATIF	PRÉTÉRIT	AORISTE	PRÉSENT	PASSÉ	
I	لَامَ	يَلُومُ	لُمْ	لِيمَ	يُلَامُ	لَائِمٌ	مَلُومٌ	Variable.
II	لَوَّمَ	يُلَوِّمُ	لَوِّمْ	لُوِّمَ	يُلَوَّمُ	مُلَوِّمٌ	مُلَوَّمٌ	تَلْوِيمٌ
III	لَاوَمَ	يُلَاوِمُ	لَاوِمْ	لُووِمَ	يُلَاوَمُ	مُلَاوِمٌ	مُلَاوَمٌ	مُلَاوَمَةٌ et لِوَامٌ
IV	أَلَامَ	يُلِيمُ	أَلِمْ	أُلِيمَ	يُلَامُ	مُلِيمٌ	مُلَامٌ	إِلَامَةٌ
V	تَلَوَّمَ	يَتَلَوَّمُ	تَلَوَّمْ	تُلُوِّمَ	يُتَلَوَّمُ	مُتَلَوِّمٌ	مُتَلَوَّمٌ	تَلَوُّمٌ
VI	تَلَاوَمَ	يَتَلَاوَمُ	تَلَاوَمْ	تُلُووِمَ	يُتَلَاوَمُ	مُتَلَاوِمٌ	مُتَلَاوَمٌ	تَلَاوُمٌ
VII	ٱنْلَامَ	يَنْلَامُ	ٱنْلَمْ	ٱنْلِيمَ	يُنْلَامُ	مُنْلَامٌ	مُنْلَامٌ	ٱنْلِيَامٌ
VIII	ٱلْتَامَ	يَلْتَامُ	ٱلْتَمْ	ٱلْتِيمَ	يُلْتَامُ	مُلْتَامٌ	مُلْتَامٌ	ٱلْتِيَامٌ
IX	ٱلْوَمَّ	يَلْوَمُّ	ٱلْوَمِمْ	Manque.	Manque.	مُلْوَمٌّ	Manque.	ٱلْوِمَامٌ
X	ٱسْتَلَامَ	يَسْتَلِيمُ	ٱسْتَلِمْ	ٱسْتُلِيمَ	يُسْتَلَامُ	مُسْتَلِيمٌ	مُسْتَلَامٌ	ٱسْتِلَامَةٌ

Conjugaison d'un verbe

PERSONNES		PRÉTÉRIT	AORISTE INDICATIF	AORISTE SUBJONCTIF
		Singulier	Singulier	Singulier
1re personne . . .		لُمْتُ	أَلُومُ	أَلُومَ
2e pers. .	masc.	لُمْتَ	تَلُومُ	تَلُومَ
	fém. .	لُمْتِ	تَلُومِينَ	تَلُومِي
3e pers. .	masc.	لَامَ	يَلُومُ	يَلُومَ
	fém. .	لَامَتْ	تَلُومُ	تَلُومَ
		Duel	Duel	Duel
2e personne . . .		لُمْتُمَا	تَلُومَانِ	تَلُومَا
3e pers. .	masc.	لَامَا	يَلُومَانِ	يَلُومَا
	fém. .	لَامَتَا	تَلُومَانِ	تَلُومَا
		Pluriel	Pluriel	Pluriel
1re personne . . .		لُمْنَا	نَلُومُ	نَلُومَ
2e pers. .	masc.	لُمْتُمْ	تَلُومُونَ	تَلُومُوا
	fém. .	لُمْتُنَّ	تَلُمْنَ	تَلُمْنَ
3e pers. .	masc.	لَامُوا	يَلُومُونَ	يَلُومُوا
	fém. .	لُمْنَ	يَلُمْنَ	يَلُمْنَ

CONCAVE PAR و

AORISTE CONDITIONNEL	IMPÉRATIF	AORISTE ÉNERGIQUE LOURD	AORISTE ÉNERGIQUE LÉGER
Singulier	Singulier	Singulier	Singulier
أَلُمْ		أَلُومَنَّ	أَلُومَنْ
تَلُمْ	لُمْ	تَلُومَنَّ	تَلُومَنْ
تَلُومِي	لُومِي	تَلُومِنَّ	تَلُومِنْ
يَلُمْ		يَلُومَنَّ	يَلُومَنْ
تَلُمْ		تَلُومَنَّ	تَلُومَنْ
Duel	Duel	Duel	Duel
تَلُومَا	لُومَا	تَلُومَانِّ	
يَلُومَا		يَلُومَانِّ	Manque.
تَلُومَا		تَلُومَانِّ	
Pluriel	Pluriel	Pluriel	Pluriel
نَلُمْ		نَلُومَنَّ	نَلُومَنْ
تَلُومُوا	لُومُوا	تَلُومُنَّ	تَلُومُنْ
تَلُمْنَ	لُمْنَ	تَلُمْنَانِّ	Manque.
يَلُومُوا		يَلُومُنَّ	يَلُومُنْ
يَلُمْنَ		يَلُمْنَانِّ	Manque.

Conjugaison d'un verbe

PERSONNES		PRÉTÉRIT	AORISTE INDICATIF	AORISTE SUBJONCTIF
		Singulier	Singulier	Singulier
1re personne . . .		سِرْتُ	أَسِيرُ	أَسِيرَ
2e pers. .	masc.	سِرْتَ	تَسِيرُ	تَسِيرَ
	fém. .	سِرْتِ	تَسِيرِينَ	تَسِيرِي
3e pers. .	masc.	سَارَ	يَسِيرُ	يَسِيرَ
	fém. .	سَارَتْ	تَسِيرُ	تَسِيرَ
		Duel	Duel	Duel
2e personne . . .		سِرْتُمَا	تَسِيرَانِ	تَسِيرَا
3e pers. .	masc.	سَارَا	يَسِيرَانِ	يَسِيرَا
	fém. .	سَارَتَا	تَسِيرَانِ	تَسِيرَا
		Pluriel	Pluriel	Pluriel
1re personne . . .		سِرْنَا	نَسِيرُ	نَسِيرَ
2e pers. .	masc.	سِرْتُمْ	تَسِيرُونَ	تَسِيرُوا
	fém. .	سِرْتُنَّ	تَسِرْنَ	تَسِرْنَ
3e pers. .	masc.	سَارُوا	يَسِيرُونَ	يَسِيرُوا
	fém. .	سِرْنَ	يَسِرْنَ	يَسِرْنَ

CONCAVE PAR ي

AORISTE CONDITIONNEL	IMPÉRATIF	AORISTE ÉNERGIQUE LOURD	AORISTE ÉNERGIQUE LÉGER
Singulier	Singulier	Singulier	Singulier
أَسِرْ		أَسِيرَنَّ	أَسِيرَنْ
تَسِرْ	سِرْ	تَسِيرَنَّ	تَسِيرَنْ
تَسِيرِي	سِيرِي	تَسِيرِنَّ	تَسِيرِنْ
يَسِرْ		يَسِيرَنَّ	يَسِيرَنْ
تَسِرْ		تَسِيرَنَّ	تَسِيرَنْ
Duel	Duel	Duel	Duel
تَسِيرَا	سِيرَا	تَسِيرَانِّ	
يَسِيرَا		يَسِيرَانِّ	Manque.
تَسِيرَا		تَسِيرَانِّ	
Pluriel	Pluriel	Pluriel	Pluriel
نَسِرْ		نَسِيرَنَّ	نَسِيرَنْ
تَسِيرُوا	سِيرُوا	تَسِيرُنَّ	تَسِيرُنْ
تَسِرْنَ	سِرْنَ	تَسِرْنَانِّ	Manque.
يَسِيرُوا		يَسِيرُنَّ	يَسِيرُنْ
يَسِرْنَ		يَسِرْنَانِّ	Manque.

VERBES DÉFECTUEUX

On appelle verbes *défectueux* (فِعْل نَاقِص) ceux dont la troisième radicale est une lettre faible, و ou ي.

Pour conjuguer ces verbes, il faut appliquer les règles 1 et 2 des verbes assimilés ; ex. : رَضِيتُ *j'ai consenti,* pour رَضِيْتُ ; يَبْكِينَ *elles pleureront,* pour يَبْكِيْنَ ; — et les règles 1, 2, 3 et 6 des verbes concaves ; ex. : 1. أَبْكِيَنَّ , يَرْجُونَّ , يَبْكِيَنْ ; — 2. بَكَيَا , رَجَوَا , يَرْجُوَان ; — 3. رَجَاةٌ pour رَجَوَةٌ ; — 6. بَكَتْ , رَجَتْ , pour بَكَاتْ , رَجَاتْ .

Il faut, en outre, tenir compte des règles suivantes :

1° A la fin des mots, le و et le ي ne peuvent porter que la voyelle A, si la lettre qui précède a le son *i* ou le son *ou*. Dans tous les autres cas, ils sont privés de leur voyelle. Ainsi, l'on peut dire : رَضِيَ *il a consenti,* أَنْ يَبْكِيَ *qu'il pleure,* لِيَرْجُوَ *afin qu'il espère,* سَرُوَ *être généreux,* بَاكِيًا *pleurant;* mais on dira : رَجَا pour رَجَوَ , بَكَى pour بَكَيَ , أَنْ يَرْضَى pour أَنْ يَرْضَيَ , أَبْكِي pour أَبْكِيُ , مَرْضَى pour مَرْضَيُ , etc.;

2° Si le ي final doit avoir le *tanouine* ـٌ ou ـٍ, on le supprime lorsque la lettre qui précède a le son *i*, et cette voyelle est alors redoublée; ex. : بَاكٍ pour بَاكِيٌ ou بَاكِيٍ; رَاجٍ pour رَاجِيٌ, pour رَاجِوٌ. Lorsque la lettre qui précède doit avoir le son *ou*, on le change en *i*; ex. : تَرَاضٍ pour تَرَاضِيٌ, pour تَرَاضُيٌ;

3° Lorsque le ي final doit avoir le tanouine, la lettre précédente devant porter le son *a*, on le prive de sa voyelle (règle 1), mais on double le son *a* de la lettre qui précède; ex. : مُرْضًى pour مُرْضَيٌ, مُرْضَيًا et مُرْضَيٍ;

4° On évite la rencontre des lettres و et ي entre elles[1]; ex. : رَضُوا pour رَضِيُوا; يَبْكُونَ pour يَبْكِيُونَ. Lorsque la deuxième radicale doit porter le son *a*, on met un *djezm* sur la lettre caractéristique du genre ou du nombre, après la suppression de la lettre faible; ex. : بَكَوْا pour بَكَيُوا; يَرْضَوْنَ pour يَرْضَوُونَ; تَرْضَيْنَ pour تَرْضَيِينَ, etc.;

5° A la fin d'un mot, lorsqu'un و doit être précédé d'un و, on les réunit à l'aide d'un *chadda*; ex. : مَرْجُوٌّ

(1) Voir la règle 7 des verbes concaves.

pour مَرْجُوُوٌ. — Il en est de même pour le ي précédé d'un autre ي ou d'un و ; ex. : مَرْضِيٌّ pour مَرْضُويٌ ;

6° A la fin d'un verbe, une lettre faible disparaît lorsqu'elle doit porter un *djezm ;* ex. : لَمْ يَرْجُ pour يَرْجُوْ ; أَبْكِ pour أَبْكِيْ. (Dans تَرْضَيْ, 2e pers. fém. sing. *aor. cond.,* le ي subsiste, parce qu'il était primitivement suivi d'un ن et qu'il est l'indice du féminin) ;

7° A la fin d'un mot, le و et le ي précédés d'un ا de prolongation se changent en ء ; ex. : بُكَآءٌ pour بُكَايٌ ; رَجَآءٌ pour رَجَاوٌ. (Cette règle s'applique quelquefois aussi lorsqu'il y a un ة ; ex. : رَجَآءَةٌ pour رَجَاوَةٌ.)

Remarques. — Dans les formes dérivées de toutes les racines défectueuses, la lettre faible est représentée par un ي. — A la voix passive, il faut suivre, pour toutes les racines, la conjugaison de رَضِيَ ; ex. : رُجِيتُ, رُضِيتُ, رُضِيَ, رُجِيَ, أُرْضَى, أُرْجَى, etc. — Le verbe défectueux est encore appelé, par les grammairiens arabes, ذُو الأَرْبَعَة *verbe ayant quatre lettres* (aux deux premières personnes du prétérit), par opposition au verbe concave, qu'ils appellent aussi ذُو الثَّلَاثَة, parce qu'il n'a que trois lettres à ces mêmes personnes.

S'exercer à conjuguer aux différents temps et à faire passer aux diverses formes, les verbes défectueux suivants :

بَكَى	f.	يَبْكِي	pleurer.
بَقِيَ	f.	يَبْقَى	rester.
لَقِيَ	f.	يَلْقَى	rencontrer.
جَرَى	f.	يَجْرِي	courir.
دَعَا	f.	يَدْعُو	appeler.
غَزَا	f.	يَغْزُو	faire une incursion.
رَمَى	f.	يَرْمِي	jeter.
تَلَا	f.	يَتْلُو	lire.
مَضَى	f.	يَمْضِي	passer.
قَضَى	f.	يَقْضِي	accomplir.
شَكَا	f.	يَشْكُو	se plaindre.

Conjugaison d'un verbe

PERSONNES	PRÉTÉRIT	AORISTE INDICATIF	AORISTE SUBJONCTIF
	Singulier	Singulier	Singulier
1re personne . . .	بَكَيْتُ	أَبْكِي	أَبْكِيَ
2e pers.. masc.	بَكَيْتَ	تَبْكِي	تَبْكِيَ
2e pers.. fém. .	بَكَيْتِ	تَبْكِينَ	تَبْكِي
3e pers.. masc.	بَكَى	يَبْكِي	يَبْكِيَ
3e pers.. fém. .	بَكَتْ	تَبْكِي	تَبْكِيَ
	Duel	Duel	Duel
2e personne . . .	بَكَيْتُمَا	تَبْكِيَانِ	تَبْكِيَا
3e pers.. masc.	بَكَيَا	يَبْكِيَانِ	يَبْكِيَا
3e pers.. fém. .	بَكَتَا	تَبْكِيَانِ	تَبْكِيَا
	Pluriel	Pluriel	Pluriel
1re personne . . .	بَكَيْنَا	نَبْكِي	نَبْكِيَ
2e pers.. masc.	بَكَيْتُمْ	تَبْكُونَ	تَبْكُوا
2e pers.. fém. .	بَكَيْتُنَّ	تَبْكِينَ	تَبْكِينَ
3e pers.. masc.	بَكَوْا	يَبْكُونَ	يَبْكُوا
3e pers.. fém. .	بَكَيْنَ	يَبْكِينَ	يَبْكِينَ

ÉFECTUEUX PAR ي (*Forme* فَعَلَ)

AORISTE CONDITIONNEL	IMPÉRATIF	AORISTE ÉNERGIQUE LOURD	AORISTE ÉNERGIQUE LÉGER
Singulier	Singulier	Singulier	Singulier
أَبْكِ		أَبْكِيَنَّ	أَبْكِيَنْ
تَبْكِ	ٱبْكِ	تَبْكِيَنَّ	تَبْكِيَنْ
تَبْكِي	ٱبْكِي	تَبْكِنَّ	تَبْكِنْ
يَبْكِ		يَبْكِيَنَّ	يَبْكِيَنْ
تَبْكِ		تَبْكِيَنَّ	تَبْكِيَنْ
Duel	Duel	Duel	Duel
تَبْكِيَا	ٱبْكِيَا	تَبْكِيَانِّ	
يَبْكِيَا		يَبْكِيَانِّ	Manque.
تَبْكِيَا		تَبْكِيَانِّ	
Pluriel	Pluriel	Pluriel	Pluriel
نَبْكِ		نَبْكِيَنَّ	نَبْكِيَنْ
تَبْكُوا	ٱبْكُوا	تَبْكُنَّ	تَبْكُنْ
تَبْكِينَ	ٱبْكِينَ	تَبْكِينَانِّ	Manque.
يَبْكُوا		يَبْكُنَّ	يَبْكُنْ
يَبْكِينَ		يَبْكِينَانِّ	Manque.

Conjugaison d'un verbe

PERSONNES	PRÉTÉRIT	AORISTE INDICATIF	AORISTE SUBJONCTIF
	Singulier	Singulier	Singulier
1re personne . . .	رَجَوْتُ	أَرْجُو	أَرْجُوَ
2e pers. . masc.	رَجَوْتَ	تَرْجُو	تَرْجُوَ
2e pers. . fém. .	رَجَوْتِ	تَرْجِينَ	تَرْجِي
3e pers. . masc.	رَجَا	يَرْجُو	يَرْجُوَ
3e pers. . fém. .	رَجَتْ	تَرْجُو	تَرْجُوَ
	Duel	Duel	Duel
2e personne . . .	رَجَوْتُمَا	تَرْجُوَانِ	تَرْجُوَا
3e pers. . masc.	رَجَوَا	يَرْجُوَانِ	يَرْجُوَا
3e pers. . fém. .	رَجَتَا	تَرْجُوَانِ	تَرْجُوَا
	Pluriel	Pluriel	Pluriel
1re personne . . .	رَجَوْنَا	نَرْجُو	نَرْجُوَ
2e pers. . masc.	رَجَوْتُمْ	تَرْجُونَ	تَرْجُوا
2e pers. . fém. .	رَجَوْتُنَّ	تَرْجُونَ	تَرْجُونَ
3e pers. . masc.	رَجَوْا	يَرْجُونَ	يَرْجُوا
3e pers. . fém. .	رَجَوْنَ	يَرْجُونَ	يَرْجُونَ

DÉFECTUEUX PAR و

AORISTE CONDITIONNEL	IMPÉRATIF	AORISTE ÉNERGIQUE LOURD	AORISTE ÉNERGIQUE LÉGER
Singulier	Singulier	Singulier	Singulier
أَرْجُ		أَرْجُوَنَّ	أَرْجُوَنْ
تَرْجُ	اُرْجُ	تَرْجُوَنَّ	تَرْجُوَنْ
تَرْجِي	اُرْجِي	تَرْجِنَّ	تَرْجِنْ
يَرْجُ		يَرْجُوَنَّ	يَرْجُوَنْ
تَرْجُ		تَرْجُوَنَّ	تَرْجُوَنْ
Duel	Duel	Duel	Duel
تَرْجُوَا	اُرْجُوَا	تَرْجُوَانِّ	
يَرْجُوَا		يَرْجُوَانِّ	Manque.
تَرْجُوَا		تَرْجُوَانِّ	
Pluriel	Pluriel	Pluriel	Pluriel
نَرْجُ		نَرْجُوَنَّ	نَرْجُوَنْ
تَرْجُوا	اُرْجُوا	تَرْجُنَّ	تَرْجُنْ
تَرْجُونَ	اُرْجُونَ	تَرْجُونَانِّ	Manque.
يَرْجُوا		يَرْجُنَّ	يَرْجُنْ
يَرْجُونَ		يَرْجُونَانِّ	Manque.

Conjugaison d'un verbe

PERSONNES	PRÉTÉRIT	AORISTE INDICATIF	AORISTE SUBJONCTIF
	Singulier	Singulier	Singulier
1re personne . . .	خَشِيتُ	أَخْشَى	أَخْشَى
2e pers.. masc.	خَشِيتَ	تَخْشَى	تَخْشَى
2e pers.. fém. .	خَشِيتِ	تَخْشَيْنَ	تَخْشَيْ
3e pers.. masc.	خَشِيَ	يَخْشَى	يَخْشَى
3e pers.. fém. .	خَشِيَتْ	تَخْشَى	تَخْشَى
	Duel	Duel	Duel
2e personne . . .	خَشِيتُمَا	تَخْشَيَانِ	تَخْشَيَا
3e pers.. masc.	خَشِيَا	يَخْشَيَانِ	يَخْشَيَا
3e pers.. fém. .	خَشِيَتَا	تَخْشَيَانِ	تَخْشَيَا
	Pluriel	Pluriel	Pluriel
1re personne . . .	خَشِينَا	نَخْشَى	نَخْشَى
2e pers.. masc.	خَشِيتُمْ	تَخْشَوْنَ	تَخْشَوْا
2e pers.. fém. .	خَشِيتُنَّ	تَخْشَيْنَ	تَخْشَيْنَ
3e pers.. masc.	خَشُوا	يَخْشَوْنَ	يَخْشَوْا
3e pers.. fém. .	خَشِينَ	يَخْشَيْنَ	يَخْشَيْنَ

DÉFECTUEUX PAR ي (*Forme* فَعِلَ)

AORISTE CONDITIONNEL	IMPÉRATIF	AORISTE ÉNERGIQUE LOURD	AORISTE ÉNERGIQUE LÉGER
Singulier	Singulier	Singulier	Singulier
أَخْشَ		أَخْشَيَنَّ	أَخْشَيَنْ
تَخْشَ	ٱخْشَ	تَخْشَيَنَّ	تَخْشَيَنْ
تَخْشَيْ	ٱخْشَيْ	تَخْشَيِنَّ	تَخْشَيِنْ
يَخْشَ		يَخْشَيَنَّ	يَخْشَيَنْ
تَخْشَ		تَخْشَيَنَّ	تَخْشَيَنْ
Duel	Duel	Duel	Duel
تَخْشَيَا	ٱخْشَيَا	تَخْشَيَانِّ	
يَخْشَيَا		يَخْشَيَانِّ	Manque.
تَخْشَيَا		تَخْشَيَانِّ	
Pluriel	Pluriel	Pluriel	Pluriel
نَخْشَ		نَخْشَيَنَّ	نَخْشَيَنْ
تَخْشَوْا	ٱخْشَوْا	تَخْشَوُنَّ	تَخْشَوُنْ
تَخْشَيْنَ	ٱخْشَيْنَ	تَخْشَيْنَانِّ	Manque.
يَخْشَوْا		يَخْشَوُنَّ	يَخْشَوُنْ
يَخْشَيْنَ		يَخْشَيْنَانِّ	Manque.

Tableau des formes dérivées d'un verbe **DÉFECTUEUX**

NUMÉROS des FORMES	VOIX ACTIVE			VOIX PASSIVE		PARTICIPES		NOMS D'ACTION
	PRÉTÉRIT	AORISTE	IMPÉRATIF	PRÉTÉRIT	AORISTE	PRÉSENT	PASSÉ	
I	بَكَى	يَبْكِي	ٱبْكِ	بُكِيَ	يُبْكَى	بَاكٍ	مَبْكِيٌّ	Variable.
II	بَكَّى	يُبَكِّي	بَكِّ	بُكِّيَ	يُبَكَّى	مُبَكٍّ	مُبَكًّى	تَبْكِيَةٌ
III	بَاكَى	يُبَاكِي	بَاكِ	بُوكِيَ	يُبَاكَى	مُبَاكٍ	مُبَاكًى	مُبَاكَاةٌ ou بِكَآءٌ
IV	أَبْكَى	يُبْكِي	أَبْكِ	أُبْكِيَ	يُبْكَى	مُبْكٍ	مُبْكًى	إِبْكَآءٌ
V	تَبَكَّى	يَتَبَكَّى	تَبَكَّ	تُبُكِّيَ	يُتَبَكَّى	مُتَبَكٍّ	مُتَبَكًّى	تَبَكٍّ
VI	تَبَاكَى	يَتَبَاكَى	تَبَاكَ	تُبُوكِيَ	يُتَبَاكَى	مُتَبَاكٍ	مُتَبَاكًى	تَبَاكٍ
VII	ٱنْبَكَى	يَنْبَكِي	ٱنْبَكِ	ٱنْبُكِيَ	يُنْبَكَى	مُنْبَكٍ	مُنْبَكًى	ٱنْبِكَآءٌ
VIII	ٱبْتَكَى	يَبْتَكِي	ٱبْتَكِ	ٱبْتُكِيَ	يُبْتَكَى	مُبْتَكٍ	مُبْتَكًى	ٱبْتِكَآءٌ
IX	ٱبْكَيَّ	....	....	....	....	....	....	....
X	ٱسْتَبْكَى	يَسْتَبْكِي	ٱسْتَبْكِ	ٱسْتُبْكِيَ	يُسْتَبْكَى	مُسْتَبْكٍ	مُسْتَبْكًى	ٱسْتِبْكَآءٌ

VERBES HAMZÉS

On appelle verbes *hamzés* (فِعْل مَهْمُوز) ceux qui ont un *hamza* à la racine. Leur conjugaison est, en réalité, semblable à celle des verbes réguliers. La seule difficulté consiste à donner un *support* au *hamza*. Pour cela, il faut tenir compte des règles suivantes :

1° Le *hamza*, devant porter le son *a*, prend pour support un ا ; ex. : سَأَلَ *il a interrogé*, قَرَأَ *il a lu*; — devant porter le son *ou*, il prend pour support un و ; ex. : يَرْؤُفُ *il sera bienveillant*; — devant avoir le son *i*, il prend pour support un يـ , souvent privé de ses points ; ex. : سُئِلَ *il a été interrogé*;

2° Le *hamza*, devant porter un *djezm*, et précédé du son *ou*, a pour support un و ; ex. : يُؤْمِنُ *il croira*; — précédé du son *i*, il a pour support un يـ ; ex. : آسْتِئْنَاس *action de se familiariser*;

3° Au milieu des mots, le *hamza* devant porter le son *a* peut prendre pour support un و , si la lettre précédente a le son *ou*, et un يـ si elle a le son *i*; ex. : سُؤَال *interrogation*;

4° A la fin des mots, le *hamza* est privé de support, ce qui arrive surtout lorsque la lettre précédente porte un *djezm;* ex. : شَيْءٌ *chose;* فَرْءٌ *moment;*

5° Lorsque deux *hamza* se rencontrent, l'un portant une voyelle et le second un *djezm,* celui-ci disparaît et est remplacé par une lettre de prolongation correspondant à la voyelle précédente; ex. : إِيمَانٌ *croyance,* pour إِئْمَانٌ;

6° Lorsque deux *alif* se rencontrent, l'un devant porter le ء avec le son *a,* et le second étant de prolongation, on peut changer le ء en و; ex. : تَوَامَرَ *se consulter,* pour تَأَامَرَ. On peut écrire aussi تَآمَرَ;

7° Lorsque le ء, portant le son *a,* doit être suivi d'un ا de prolongation, on les réunit à l'aide d'un *madda;* ex. : آخَذَ *en vouloir à,* pour أَاخَذَ. On peut aussi écrire, à gauche de l'alif hamzé, un petit alif vertical; ex. : أٰخَذَ;

8° Le *hamza* peut quelquefois être supprimé.

Nota. — Quelques-unes de ces règles sont sujettes à exception.

CONJUGAISON DES VERBES HAMZÉS

1° Verbes hamzés par la première radicale :

Actif. *Prét.* أَمَلْتُ j'ai espéré, أَمَلْتَ, etc. *Aor. ind.* آمُلُ, تَأْمُلُ, تَأْمُلِينَ, etc. *Aor. subj.* آمُلَ. *Aor. cond.* آمُلْ, تَأْمُلْ, etc. *Imp.* اُؤْمُلْ. *Part.* آمِلٌ. — **Passif.** *Prét.* أُمِلَ. *Aor.* يُؤْمَلُ. *Part.* مَأْمُولٌ.

IIe FORME. *Prét.* أَمَّلَ. *Aor.* يُؤَمِّلُ. *N. d'act.* تَأْمِيلٌ. — IIIe FORME. *Prét.* آمَلَ. *Aor.* يُؤَامِلُ. *N. d'act.* مُؤَامَلَةٌ. — IVe FORME. *Prét.* آمَلَ. *Aor.* يُؤْمِلُ. *N. d'act.* إِيمَالٌ, etc.

REMARQUES. — Les verbes hamzés par la première radicale n'ont pas de VIIe forme. — A la VIIIe forme de quelques verbes dont la première radicale est un ء, on le contracte avec le تْ ; ce qui a surtout lieu pour le verbe أَخَذَ : VIIIe forme. *Prét.* اِتَّخَذَ *prendre. Aor.* يَتَّخِذُ, pour اِئْتَخَذَ, يَأْتَخِذُ. — Les trois verbes أَخَذَ *il a pris,* أَكَلَ *il a mangé,* أَمَرَ *il a ordonné,* font à l'impératif خُذْ, كُلْ, مُرْ, outre la forme régulière, qui est quelquefois employée. Précédé des conjonctions فَ et وَ, l'impératif مُرْ reprend l'alif hamzé de la racine : فَأْمُرْ, وَأْمُرْ.

2° Verbes hamzés par la deuxième radicale :

Actif. *Prét.* سَأَلْتُ j'ai interrogé, سَأَلْتَ, etc. *Aor.*

أَسْأَلُ, تَسْأَلُ, تَسْأَلِينَ, etc. *Imp.* اِسْأَلْ. *Part.* سَائِلٌ. — **Passif.** *Prét.* سُئِلْتُ, سُئِلَ, etc. *Aor.* أُسْأَلُ. *Part.* مَسْئُولٌ.

IIe FORME. *Prét.* سَأَّلَ. *Aor.* يُسَئِّلُ. *N. d'act.* تَسْئِيلٌ. — IIIe FORME. *Prét.* سَاءَلَ. *Aor.* يُسَائِلُ. *N. d'act.* مُسَاءَلَةٌ. — IVe FORME. *Prét.* أَسْأَلَ. *Aor.* يُسْئِلُ, etc.

REMARQUE. — Quelquefois, les verbes hamzés par la deuxième radicale se conjuguent comme les verbes concaves.

3° Verbes hamzés par la troisième radicale :

Actif. *Prét.* بَدَأْتُ j'ai commencé, بَدَأْتَ, etc. *Aor. ind.* أَبْدَأُ, تَبْدَأُ, تَبْدَئِينَ, etc. *Aor. subj.* أَبْدَأَ. *Aor. cond.* أَبْدَأْ. *Imp.* اِبْدَأْ. *Part.* بَادِئٌ. — **Passif.** *Prét.* بُدِئَ. *Aor.* يُبْدَأُ. *Part.* مَبْدُوءٌ.

IIe FORME. *Prét.* بَدَّأَ. *Aor.* يُبَدِّئُ. — IIIe FORME. *Prét.* بَادَأَ. *Aor.* يُبَادِئُ. — IVe FORME. *Prét.* أَبْدَأَ. *Aor.* يُبْدِئُ, etc.

REMARQUE. — Les verbes hamzés par la troisième radicale se conjuguent quelquefois comme les verbes défectueux.

DES VERBES DOUBLEMENT IRRÉGULIERS

1° VERBES ASSIMILÉS ET SOURDS. — Ils ne présentent aucune difficulté, le و et le ي devant être considérés comme des lettres solides ; ex. : وَدَّ *aimer*, يَوَدُّ.

2° VERBES ASSIMILÉS ET CONCAVES. — Il n'en existe pas un seul qui soit employé au primitif. Pour les formes dérivées, il n'y a lieu d'appliquer que les règles particulières aux verbes concaves.

3° VERBES ASSIMILÉS ET DÉFECTUEUX. — Pour conjuguer ces verbes, lorsqu'ils perdent leur première radicale, il faut tenir compte des règles relatives aux verbes assimilés et défectueux. Ils offrent quelques particularités qu'il est bon de noter. Ainsi, وَفَى *préserver*, fera au *prét.* وَفَيْتُ, وَفَى, وَفَتْ, etc. ; à l'*aor. ind.* أَفِي, تَفِي, تَفِينَ, etc. ; au *subj.* أَفِيَ, تَفِيَ, تَفِي, etc. ; au *cond.* أَفِ, تَفِ, تَفِي, etc. D'où il suit que l'impératif n'a plus qu'une seule lettre au masculin : فِ, au fém. فِي, etc. A l'*impératif*, on ajoute quelquefois un ه final, appelé par les grammairiens arabes هَاء الوَقْفِ ou هَاء السَّكُوت *ha de repos* ou *de silence*. Ce *ha* s'ajoute aussi à l'impératif de certains verbes venant de racines défectueuses, et même au conditionnel.

Les verbes assimilés et défectueux fréquemment employés sont :

وَدَى *payer le prix du sang : Aor.* يَدِي. *Imp.* دِ. — وَشَى *dénoncer : Aor.* يَشِي. *Imp.* شِ et شِهْ. — وَعَى *se rappeler : Aor.* يَعِي. *Imp.* عِ. — وَفَى *être fidèle à sa parole : Aor.* يَفِي. *Imp.* فِ. — وَلِيَ *venir après : Aor.* يَلِي. *Imp.* لِ.

4° VERBES ASSIMILÉS ET HAMZÉS. — Pour les conjuguer, on doit tenir compte des règles particulières à chacun de ces verbes ; ex. : وَطِئَ *fouler aux pieds : Aor.* يَطَأُ.

5° LE VERBE ASSIMILÉ, HAMZÉ ET DÉFECTUEUX وَأَى *promettre,* se conjugue ainsi : *Prét.* وَأَيْتُ, وَأَيْتَ, وَأَيْتِ, وَأَى, وَأَتْ, etc. *Aor. ind.* أَئِي, تَئِي, تَئِينَ, etc. *Aor. subj.* أَئِيَ, تَئِيَ, تَئِي, etc. *Aor. cond.* أَءِ, تَءِ, تَئِي, etc. *Imp. :* masc. إِ ou إِهْ, fém. إِي, etc.

6° VERBES CONCAVES ET DÉFECTUEUX. — Il n'y a lieu d'appliquer, pour les conjuguer, que les règles relatives aux verbes défectueux.

7° VERBES CONCAVES ET HAMZÉS. — Ils n'offrent aucune difficulté particulière ; ex. : *Prét.* شِئْتُ *j'ai voulu,* شِئْتِ, شَاءَ, شَاءَتْ, etc. *Aor.* أَشَاءُ, تَشَاءُ, تَشَائِينَ, etc.

8° VERBES HAMZÉS ET CONCAVES. — Il faut les conjuguer comme les verbes concaves ; ex. : *Prét.* آبَ *il est revenu,* أُبْتُ, etc. *Aor.* يَئُوبُ, تَئُوبُ, تَئُوبِينَ, etc.

9° VERBES HAMZÉS ET DÉFECTUEUX. — Il faut, pour les conjuguer, appliquer les règles relatives à ces deux sortes de verbes ; ex. : *Prét.* أَبَى *il a refusé,* أَبَتْ, أَبَيْتُ, etc. *Aor.* يَأْبَى, تَأْبَى, etc. — *Prét.* نَأَى *il a été éloigné,* نَأَتْ, نَأَيْتُ, نَأَيْتِ. *Aor.* يَنْأَى, تَنْأَى, etc.

Voici la conjugaison du verbe رَأَى *voir,* qui est d'un emploi très fréquent :

Prét. : sing. رَأَيْتُ, رَأَيْتَ, رَأَيْتِ, رَأَى, رَأَتْ ; duel رَأَيْتُمَا, رَأَيَا, رَأَتَا ; plur. رَأَيْنَا, رَأَيْتُمْ, رَأَيْتُنَّ, رَأَوْا, رَأَيْنَ. — *Aor. ind.* : sing. أَرَى, تَرَى, تَرَيْنَ, يَرَى, تَرَى ; duel تَرَيَانِ, يَرَيَانِ, تَرَيَانِ ; plur. نَرَى, تَرَوْنَ, تَرَيْنَ, يَرَوْنَ, يَرَيْنَ. — *Aor. subj.* أَرَى, تَرَى, تَرَيْ, etc. — *Aor. cond.* أَرَ, تَرَ, تَرَيْ, يَرَ, تَرَ, etc. — *Imp.* : masc. رَ ou رَهْ ; fém. رَيْ ou رَيَا ; plur. رَوْا, رَيْنَ.

Comme on le voit, ce verbe perd son hamza à l'aoriste. Il est rare qu'il le conserve.

10° Pour conjuguer le VERBE HAMZÉ, CONCAVE ET DÉFECTUEUX أَوَى *il a cherché un abri,* il faut tenir compte des règles relatives aux verbes hamzés et défectueux : *Prét.* أَوَيْتُ, أَوَى, أَوَتْ, etc. *Aor.* آوِي, تَأْوِي, تَأْوِينَ, etc. *Imp.* آوِ, etc.

On voit que la conjugaison de ces différentes sortes de verbes n'offre pas, au fond, de grandes difficultés. Nous avons, à dessein, négligé de parler de certaines anomalies que le dictionnaire et la pratique enseigneront. Nous devons toutefois prévenir l'étudiant qu'il sera souvent embarrassé dans la manière de lire un mot. Soit, par exemple, le groupe de trois lettres تعد ; on pourra le ponctuer :

1° تَعُدُّ, تُعَدُّ, تُعِدُّ, c'est-à-dire à l'*aor. ind.*, 2e pers. du masc. ou 3e du fém. sing., aux Ire et IVe formes, voix active et passive. On pourrait les lire également au subjonctif : تَعُدَّ, تُعَدَّ, تُعِدَّ. (Ces différentes formes venant de la rac. عَدَّ) ;

2° تَعِدُ, تَعِدَ, تَعِدْ, de la rac. وَعَدَ ;

3° تَعُدْ, تُعَدْ, تُعِدْ, de la rac. عَادَ ;

4° تَعْدُ, *aor. cond.*, rac. عَدَا ; — تُعَدِّ et تُعَدِّ, même rac., IIe forme ; — تَعَدَّ, *imp.*, même racine, Ve forme, etc.

Il est vrai que le sens général de la phrase, les particules et les pronoms font le plus souvent reconnaître comment on doit lire un verbe.

CHAPITRE IV

DU NOM — DU GENRE — DU NOMBRE

On a vu (page 21) que, sous la dénomination de NOM, les grammairiens arabes comprennent : le *substantif* proprement dit, l'*adjectif*, le *participe* et les *pronoms*. Nous savons comment on obtient les participes ; nous verrons plus tard (chap. IX) comment se forment les divers substantifs et les adjectifs. Nous allons, pour le moment, nous occuper de ces mots sous le rapport du genre et du nombre.

DU GENRE (الجِنْس)

Il y a deux genres dans le nom, comme dans le verbe : le MASCULIN et le FÉMININ.

Sont du genre féminin :

1° Les noms qui indiquent des êtres de ce sexe, comme : أُخْتٌ *sœur*, أُمٌّ *mère*, بِنْتٌ *fille*, زَيْنَبُ *Zeïneb* (nom de femme), etc. ;

2° La plupart des mots terminés par ةٌ ; ex. : بَقَرَةٌ *vache*, مِغْرَفَةٌ *cuiller*, مَدْرَسَةٌ *collège*, etc. Il n'y a que quelques rares mots masculins terminés par ةٌ, comme خَلِيفَةٌ *lieutenant*, et certains noms d'hommes ;

3° Certains mots terminés par ـَآءُ indépendant de la racine ; ex. : خَضْرَآءُ *verte ;*

4° Quelques mots terminés par ـَى ; ex. : كُبْرَى *plus grande*, ذِكْرَى *mention ;*

5° Les noms qui indiquent une partie double du corps ; ex. : عَيْنٌ *œil*, رِجْلٌ *pied*, أُذُنٌ *oreille ;*

6° La plupart des noms de localités ; ex. : وَهْرَانُ *Oran*, مِصْرُ *Égypte ;*

7° Un certain nombre de substantifs que l'usage a faits de ce genre, entre autres les noms de l'enfer et des différents vents. Ceux de ces substantifs qu'on rencontre le plus fréquemment sont : أَرْضٌ *terre*, أَرْنَبٌ *lièvre*, آسْتٌ *fondement*, أَفْعَى *vipère*, بِئْرٌ *puits*, حَرْبٌ *guerre*, خَمْرٌ *vin*, دَارٌ *maison*, دِرْعٌ *cuirasse*, دَلْوٌ *seau*, رَحًى *moulin*, رِيحٌ *vent*, سِنٌّ *dent*, شَمْسٌ *soleil*, ضَبُعٌ *hyène*, عَصًا *bâton*, عَنْكَبُوتٌ *araignée*, فَأْسٌ *cognée*, كَأْسٌ *coupe*, كَبِدٌ *foie*, كَرِشٌ *ventre*, كَفٌّ *paume de la main*, مِلْحٌ *sel*, مُوسَى *rasoir*, نَارٌ *feu*, نَفْسٌ *âme*, etc. ;

8° Les noms qui expriment une collection d'individus de même espèce, comme نَمْلٌ *fourmis*, جَرَادٌ *sauterelles*. Ces mots deviennent du genre masculin lorsqu'on les emploie pour le singulier.

Enfin, il y a un certain nombre de mots qui sont du masculin et du féminin, comme les noms des lettres de l'alphabet, qui sont plutôt du féminin, les substantifs جَنَاحٌ *aile*, حَانُوتٌ *taverne*, سِكِّينٌ *sabre*, طَرِيقٌ *chemin*, لَيْلٌ *nuit*, et quelques autres.

Les mots qui sont du genre masculin sont ceux qui n'appartiennent à aucune des catégories précédentes.

FORMATION DU FÉMININ

Pour former le féminin, on ajoute :

1° La terminaison ـَةٌ au masculin, pour la plupart des substantifs, des adjectifs et pour tous les participes ; ex. : كَلْبٌ *chien*, كَلْبَةٌ *chienne ;* كَثِيرٌ *abondant*, كَثِيرَةٌ *abondante ;* مُؤْمِنٌ *croyant*, مُؤْمِنَةٌ *croyante ;*

2° La terminaison ـَآءُ à la racine, pour les mots de la forme أَفْعَلُ indiquant les couleurs ou les particularités physiques ; ex. : أَخْضَرُ *vert*, خَضْرَآءُ *verte ;* أَحْوَلُ *louche*, fém. حَوْلَآءُ ;

3° La terminaison ـَى à la racine, pour les mots de la forme أَفْعَل indiquant les comparatifs et les superlatifs ; ex. : أَكْبَر *plus grand*, كُبْرَى *plus grande* ; أَدْنَى *plus proche*, fém. دُنْيَا pour دُنْيَى. — Cette terminaison ـَى sert aussi à former le féminin de certains adjectifs de la forme فَعْلَان ; ex. : غَضْبَان *irrité*, غَضْبَى *irritée*.

Quelques adjectifs et participes conservent au féminin la forme masculine, surtout s'ils expriment un état ou une manière d'être ne pouvant s'appliquer qu'à la femme ; ex. : مُرْضِع *nourrice*, حَامِل *enceinte*.

DU NOMBRE (اَلْعَدَد)

Dans le nom, comme dans le verbe, il y a trois nombres. — Le SINGULIER s'emploie lorsqu'on ne parle que d'une personne ou d'une chose. — Le DUEL est employé lorsqu'on veut parler de deux personnes ou de deux choses. Il se forme en ajoutant ـَان au singulier (1) ; ex. : كَلْبَان *deux chiens*, كَلْبَتَان *deux chiennes*, قَاضِيَان *deux juges*, عَصَوَان *deux bâtons*, خَضْرَاوَان *vertes toutes*

(1) Voyez plus loin (chap. V) comment se déclinent le duel et les pluriels réguliers, masculins ou féminins.

deux, رِدَاوَانِ *deux manteaux.* Dans ces deux mots, le ء final du singulier (خَضْرَآءُ, رِدَآءٌ) a été changé, au duel, en و, ce que l'on ne peut pas faire s'il est radical. On peut dire aussi خَضْرَآءَانِ, رِدَآءَانِ.

Quant au PLURIEL, il est de deux sortes : *régulier* (صَحِيحٌ ou سَالِمٌ), ou *irrégulier* (جَمْعُ ٱلتَّكْسِيرِ ou مُكَسَّرٌ).

PLURIELS RÉGULIERS

Les pluriels réguliers se divisent en deux catégories : les *masculins* et les *féminins.*

Les pluriels *masculins* réguliers s'obtiennent en ajoutant ـُونَ au singulier. *(Voir la note de la page précéd.)*

Suivent cette formation :

1° Tous les participes (non employés comme substantifs) ; ex. : مُؤْمِنٌ *croyant,* pl. مُؤْمِنُونَ ;

2° Les mots de la forme فَعَّالٌ ; ex. : فَلَّاحٌ *cultivateur,* pl. فَلَّاحُونَ ;

3° Les mots de la forme أَفْعَلُ, lorsqu'elle a le sens du comparatif ou du superlatif ;

4° Les adjectifs terminés par ـِيٌّ, non radical ; ex. : مَكِّيٌّ *Mekkois,* pl. مَكِّيُّونَ ;

5° Quelques adjectifs et quelques rares substantifs.

Les pluriels *féminins* réguliers se forment en ajoutant ـَاتٌ au singulier. (Cette terminaison est le ة allongé.)

Suivent cette formation :

1° Presque tous les mots terminés au singulier par ة, et par ـَآء et ـَى ne faisant pas partie de la racine ; ex. : كَلْبَةٌ *chienne*, pl. كَلْبَاتٌ ; سَمَآءٌ *ciel*, pl. سَمَاوَاتٌ, etc. ;

2° Certains noms masculins venant de mots étrangers ; ex. : بَاشَا *pacha*, pl. بَاشَوَاتٌ ;

3° Les noms d'action des verbes dérivés, lorsqu'on les emploie au pluriel ; ex. : تَعْرِيفٌ *définition*, pl. تَعْرِيفَاتٌ ;

4° Les *pluriels de pluriels* (جَمْعُ ٱلْجَمْعِ), dont nous parlerons plus loin.

Remarque. — Quelquefois, en passant au pluriel, le mot subit un changement de voyelles ; ex. : قَصْعَةٌ *grand vase en bois*, pl. قَصَعَاتٌ ; أَرْضٌ *terre*, pl. أَرَضَاتٌ.

PLURIELS IRRÉGULIERS

Les pluriels *irréguliers*, ou pluriels *rompus*, ont été ainsi appelés parce que la forme du singulier est en quelque sorte *rompue*, *brisée*, en passant au pluriel. Ils présentent de grandes difficultés, parce que leur formation n'est pas assujettie à des règles bien précises. On ne peut guère que signaler les formes de pluriels qui sont fréquemment employées, en plaçant en regard les singuliers qui leur correspondent. Il y a des substantifs qui peuvent avoir plusieurs pluriels, surtout lorsqu'ils ont des acceptions différentes. Parmi les pluriels rompus, il en est cependant que l'on peut obtenir d'une manière à peu près régulière. Nous les appellerons *pluriels quadrisyllabiques par* ا.

PLURIELS QUADRISYLLABIQUES PAR ا

Ce sont ceux qui ont un ا après la deuxième lettre, et au moins deux lettres après cet ا. Ils sont composés de quatre syllabes, les deux premières ayant le son *a*, et la troisième le son *i*. La dernière syllabe, qui ne prend jamais le tanouine (excepté quelquefois en poésie), change de voyelle suivant la fonction du mot dans la phrase (1). Ces pluriels peuvent être représentés par le type :

*َ *َ ا *ِ *ُ

Cette formation de pluriels s'applique aux mots qui ont quatre ou cinq lettres au singulier ; ex. : عَسْكَرٌ, pl. عَسَاكِرُ *soldats ;* مَرْكَبٌ, pl. مَرَاكِبُ *navires ;* جَوْهَرٌ, pl. جَوَاهِرُ *pierres précieuses ;* أَكْبَرُ, pl. أَكَابِرُ *grands* (subst.).

(1) Voyez plus loin, chap. de la *Déclinaison*, mots diptotes.

Remarques. — 1° S'il y a un ة au singulier, il disparaît au pluriel ; ex. : مَدْرَسَةٌ, pl. مَدَارِس *lycées ;* قَنْطَرَةٌ, pl. قَنَاطِر *ponts ;*

2° Si la dernière syllabe du singulier est précédée d'une lettre de prolongation, celle-ci est représentée au pluriel par un ي ; ex. : عُنْقُودٌ, pl. عَنَاقِيدُ *grappes ;* سُلْطَانٌ, pl. سَلَاطِينُ *rois ;* مِفْتَاحٌ, pl. مَفَاتِيحُ *clefs* (il y a peu d'exceptions) ;

3° Si la deuxième lettre du singulier est un ا, il se change au pluriel en و ; ex. : طَابَعٌ, pl. طَوَابِعُ *cachets ;* حَانُوتٌ, pl. حَوَانِيتُ *tavernes ;* فَائِدَةٌ, pl. فَوَائِدُ *bénéfices ;* قَانُونٌ, pl. قَوَانِينُ *lois, règlements*. (Cette formation s'applique à un grand nombre de participes présents des formes فَاعِلٌ et فَاعِلَةٌ, employées substantivement) ;

4° Si la deuxième lettre du singulier porte un chadda, on le décompose pour former le pluriel ; ex. : سِكِّينٌ, pl. سَكَاكِينُ *couteaux ;*

5° Si la troisième lettre du singulier est une longue, on la change au pluriel en ي, portant un ء, et quelquefois en و ; ex. : عَجُوزَةٌ, pl. عَجَائِزُ *vieilles ;* تَرِيكَةٌ, pl. تَرَائِكُ *successions ;* حَمَامَةٌ, pl. حَمَائِمُ *pigeons ;* مَنَارَةٌ, pl. مَنَاوِرُ *phares ;*

6° Quelques pluriels par ا sont terminés par un ة, mais alors ils prennent le tanouine ; ex. : جَبَّارٌ, pl. جَبَابِرَةٌ *tyrans ;* تِلْمِيذٌ, pl. تَلَامِذَةٌ *disciples ;*

7° Les noms de cinq lettres, sans lettre de prolongation avant la dernière syllabe, et ceux de plus de cinq lettres, font ordinairement leur pluriel par l'addition de ـَاتٌ (pl. fém. rég.) ; ex. : عَنْكَبُوتٌ, pl. عَنْكَبُوتَاتٌ *araignées.* Souvent aussi, on supprime une lettre du singulier ; ex. : عَنَاكِبُ. Quelques adjectifs terminés par ي, non radical, suivent au pluriel la formation des pluriels par ا, mais remplacent le ي par ة ; ex. : مَغْرِبِي, pl. مَغَارِبَةٌ *Moghrabins ;*

8° On peut rapporter à ces pluriels ceux qui sont du type فَعَالَى, comme هَدَايَا *présents,* pl. de هَدِيَّةٌ ; أَنَاثَى *femelles,* pl. de أُنْثَى ;

9° Les pluriels quadrisyllabiques par ا qui ont un ي pour dernière lettre peuvent, par exception, prendre le tanouine en perdant le ي final ; ex. : جَارِيَةٌ *jeune fille,* pl. جَوَارٍ pour جَوَارِي. *(Voy. p. 74, remarques 1 et 2.)*

AUTRES PLURIELS IRRÉGULIERS

Les autres formes de pluriels s'appliquent à des singuliers composés de deux ou de trois syllabes, et quelquefois de quatre, la dernière étant ة. Nous allons signaler les principales, en marquant d'un astérisque celles qui sont d'un usage fréquent :

TYPES		EXEMPLES		SIGNIFICATION
SINGULIER	PLURIEL	PLURIEL	SINGULIER	
Singuliers composés de trois lettres, avec ou sans ة, formant deux, trois ou quatre syllabes : فِعْل فِعْلَة	فُعُل*	أُسُد	أَسَد	Lion.
	فَعَل	حَلَق	حَلْقَة	Anneau.
	فُعَل	دُرَر	دُرَّة	Perle.
	فِعَال*	كِلَاب	كَلْب	Chien.
		رِمَاح	رُمْح	Lance.
		جِبَال	جَبَل	Montagne.
	فِعَالَة	حِجَارَة	حَجَر	Pierre.
	فُعُول*	سُيُوف	سَيْف	Sabre.
		قُطُوط	قِطّ	Chat.
		جُنُود	جُنْد	Troupe.
	فُعُولَة	بُعُولَة	بَعْل	Époux.
	فَعِيل*	عَبِيد	عَبْد	Esclave.
	فِعْلَة	إِخْوَة	أَخ	Frère.
	فِعَلَة	قِرَدَة	قِرْد	Singe.
	أَفْعُل*	أَعْيُن	عَيْن	Œil.
		أَشْهُر	شَهْر	Mois.

TYPES		EXEMPLES		SIGNIFICATION
SINGULIER	PLURIEL	PLURIEL	SINGULIER	
Singuliers composés de trois lettres, avec ou sans ة, formant deux, trois ou quatre syllabes :	أَفْعَال*	أَوْلَاد	وَلَد	Enfant.
		أَيَّام	يَوْم	Jour.
		أَطْفَال	طِفْل	Garçon.
فِعْل	فِعْلَان*	جِيرَان	جَار	Voisin.
فِعْلَة	فُعْلَان	بُلْدَان	بَلَد	Ville.
	فِعَل	مِلَل	مِلَّة	Religion.
فِعَال	فُعُل	كُتُب	كِتَاب	Livre.
	أَفْعِلَة*	أَطْعِمَة	طَعَام	Nourriture.
	فِعْلَان	غِلْمَان	غُلَام	Serviteur.
	فَعِيل	حَمِير	حِمَار	Ane.
	أَفْعُل	أَنْهُر	نَهَار	Jour.
فَعُول	فُعُل	مُدُن	مَدِينَة	Ville.
فَعِيل	أَفْعِلَة	أَرْغِفَة	رَغِيف	Pain.
	فِعْلَان	خِرْفَان	خَرُوف	Agneau.
Forme فَعِيل Employée adjectivem' ou substantivement.	فِعَال*	كِبَار	كَبِير	Grand.

TYPES		EXEMPLES		SIGNIFICATION
SINGULIER	PLURIEL	PLURIEL	SINGULIER	
Forme فَعِيلٌ	فُعَلَآءُ*	فُقَرَآءُ	فَقِير	Pauvre.
Avec le sens passif...	فُعُل	نُجُد	نَجِيد	Brave.
Employée substantivement............	أَفْعَال*	أَحْبَاب	حَبِيب	Ami.
Venant de rac. sourdes ou défectueuses.	أَفْعِلَآءُ*	أَحِبَّآءُ	Id.	Id.
		أَغْنِيَآءُ	غَنِيّ	Riche.
	أَفْعِلَة	أَحِبَّة	حَبِيب	Ami.
Ayant le sens passif..	فَعْلَى	غَرْقَى	غَرِيق	Noyé.
Forme فَاعِلٌ	فُعَّال*	حُكَّام	حَاكِم	Chef.
Employée substantivement............	فُعَّل	سُجَّد	سَاجِد	Se prosternant.
Venant de racines défectueuses.........	فُعَلَة*	قُضَاة	قَاضٍ	Juge.
	فُعَلَآءُ	شُعَرَآءُ	شَاعِر	Poète.
	فُعْلَان	رُهْبَان	رَاهِب	Moine.
	فُعُول*	شُهُود	شَاهِد	Témoin.
Forme أَفْعَلُ Indiquant les couleurs ou les particularités physiques..........	فُعْل pour le masc. et le fém.	حُمْر	أَحْمَر	Rouge.
		سُود	أَسْوَد	Noir.
		بُكْم	أَبْكَم	Muet.

REMARQUES. — En résumé, les formes de pluriels les plus employées sont :

فُعُلٌ qui s'applique aux singuliers de trois ou quatre lettres, y compris le ةٌ, et à des noms des formes فِعَال et فَعِيلَة ;

فِعَالٌ qui s'applique aux adjectifs de la forme فَعِيل et à des substantifs ayant trois ou quatre lettres ;

فُعُولٌ qui s'applique à des noms ayant trois ou quatre lettres, avec ou sans ةٌ, venant surtout de racines sourdes et concaves, — ainsi qu'aux singuliers de la forme فَاعِل (participe présent employé substantivement) ;

فَعِيلٌ qui s'applique aux singuliers de trois ou quatre lettres, avec ou sans ةٌ, et aux singuliers de la forme فِعَال ;

أَفْعَالٌ qui s'applique aux singuliers de trois ou quatre lettres et aux singuliers de la forme فَعِيل, employée substantivement ;

أَفْعُلٌ qui s'applique aux singuliers de trois ou quatre lettres ;

فُعَلَاءُ qui s'applique ordinairement aux singuliers de la forme فَعِيل et de la forme فَاعِل, employées substantivement ;

أَفْعِلَاءُ qui s'applique aux singuliers de la forme فَعِيل, employée substantivement, mais provenant principalement de racines sourdes ou défectueuses ;

أَفْعِلَةٌ qui s'applique souvent aux mots de la forme فَعِيل, employée substantivement et venant d'une racine sourde, et à des substantifs de la forme فَعُول ou فَعِيل ;

فِعْلَانٌ qui s'applique fréquemment aux substantifs tirés de racines concaves (جَار *pl.* جِيرَان), et à des substantifs des formes فَعُول et فَعِيل ;

فُعَّالٌ qui s'applique principalement à la forme فَاعِل, employée substantivement ;

فَعْلَى qui s'applique principalement à la forme فَعِيل.

Les formes أَفْعِلَةٌ, أَفْعَالٌ, أَفْعُلٌ et فِعْلَةٌ sont nommées formes de *petite pluralité*. Elles indiquent le pluriel jusqu'à dix, à moins que le mot n'ait pas d'autres formes de pluriels. — Il y a certains mots dont le pluriel a une forme anormale, comme أُمٌّ *mère*, pl. أُمَّهَاتٌ ; فَمٌ *bouche*, pl. أَفْوَاهٌ. Le pluriel est quelquefois tiré d'une racine différente : اِمْرَأَةٌ *femme*, pl. نِسَآءٌ. — D'un pluriel rompu on peut en former un nouveau, qu'on appelle alors *pluriel de pluriel*. Il prend ordinairement la forme des pluriels dits quadrisyllabiques. Ainsi, de أَظْفَارٌ *ongles*, pl. de ظُفْرٌ, on tire le plur. de plur. أَظَافِيرُ. On obtient aussi des pluriels de pluriels en ajoutant la terminaison ـَاتٌ au pluriel rompu ; ex. : رَسَائِلَاتٌ *collection de missives*, de رَسَائِلُ.

Il y a certains noms qui expriment une collection d'êtres ou d'objets de même espèce : on les appelle *noms collectifs*. Ils ont, en réalité, la forme des singuliers. Lorsqu'on veut indiquer un seul individu de l'espèce, on ajoute au collectif un ة ; ex. : نَمْلٌ *fourmis*, نَمْلَةٌ *une seule fourmi*. On a alors le *nom d'unité*. Le pluriel de ces mots se forme, soit du collectif considéré comme singulier, soit de leur nom d'unité, en changeant ة en ـَات.

CHAPITRE V

DE LA DÉCLINAISON

(الإِعْرَابُ)

On appelle *déclinaison* les divers changements que peut subir la dernière syllabe des noms (1), suivant les fonctions qu'ils remplissent dans la phrase. *Décliner* un mot, c'est le faire passer par les différents changements qu'il peut subir, et qu'on nomme *cas*.

Il y a en arabe trois cas : le NOMINATIF, le CAS DIRECT ou ACCUSATIF, et le CAS INDIRECT, correspondant aux *génitif, datif* et *ablatif* de la langue latine.

Un nom peut être *déterminé* (مُعَرَّفٌ) ou *indéterminé* (نَاكِرٌ). Il est déterminé : 1° lorsqu'il est accompagné de l'article الْ ; 2° lorsqu'il est suivi d'un pronom affixe ; 3° lorsqu'il a un complément au cas indirect.

Avant d'indiquer comment on décline les noms, nous allons dire succinctement dans quelles circonstances on doit employer tel ou tel cas.

(1) Les Arabes considèrent l'aoriste comme se déclinant ; les différents modes de ce temps en sont les différents cas ; ils disent qu'il n'a pas le cas indirect, de même que le nom n'a pas le djezm.

EMPLOI DES CAS

NOMINATIF, الرَّفْع [1]. — On doit lire un mot au *nominatif* lorsqu'il est SUJET (فَاعِل). (Le sujet se place ordinairement après le verbe.) Dans cette phrase : *l'homme a tué*, le mot *homme* se mettra au nominatif. — L'*attribut* (الْخَبَر) d'une proposition ne renfermant pas de verbe [2] se met aussi à ce cas. — On lit encore au nominatif un mot qui sert à appeler.

CAS DIRECT (النَّصْب). — On doit lire un mot au *cas direct* lorsqu'il est COMPLÉMENT DIRECT (الْمَفْعُول بِهِ) d'un verbe transitif [3]. (Le complément direct se place habituellement après le verbe.) Dans cette phrase : *l'homme a tué l'enfant*, le mot *enfant* se mettra au cas direct. — On met aussi à ce cas l'attribut d'une proposition renfermant un verbe. — On lit encore au cas direct les mots qui indiquent un terme circonstanciel de *temps*, de *manière*, d'*état*, de *lieu*, etc. On peut souvent expli-

---

(1) Un mot au *nominatif* est dit مَرْفُوع, au *cas direct* مَنْصُوب, au *cas indirect* مَخْفُوض.

(2) Le verbe *être*, au présent de l'indicatif, n'existe pas en arabe. Pour le rendre, on se sert d'une tournure particulière dans laquelle l'attribut se met au nominatif.

(3) Nous n'ajoutons ceci que pour plus de clarté, les verbes transitifs étant les seuls qui puissent avoir un complément direct.

quer ce cas en sous-entendant une préposition. — Un mot se lit nécessairement au cas direct lorsqu'il est sous l'influence des particules إِنَّ *certes*, أَنَّ *que* (1), كَأَنَّ *comme si* (2), لِأَنَّ *parce que* (3), لٰكِنَّ *mais*, لَعَلَّ *peut-être que*, لَيْتَ *plût à Dieu que* (4). — Enfin, un mot peut être, dans certaines circonstances, lu au cas direct, lorsqu'il est précédé des particules لَا *non* et يَا *ô*.

CAS INDIRECT (اَلْجَرّ ou اَلْخَفْض). — Un nom se lit au *cas indirect* lorsqu'il est *complément indirect* d'un autre nom ou d'une préposition, ou sous l'influence d'une des trois particules de serment وَ, بِ, تَ (j'en jure par... !). Dans cette phrase : *par Dieu ! l'homme a tué l'enfant de son voisin avec un sabre*, les mots *Dieu*, *voisin* et *sabre* se mettront au cas indirect.

DÉCLINAISON DES NOMS

Les noms masculins et féminins au singulier et aux pluriels irréguliers, ainsi que les pluriels féminins

---

(1) Correspondant à بالّي de l'arabe parlé.

(2) Correspondant à كالّي de l'arabe parlé.

(3) Correspondant à عَلَى خاطر de l'arabe parlé.

(4) On trouvera dans la syntaxe de la déclinaison une phrase renfermant les sept particules du cas direct.

réguliers, se déclinent à l'aide de voyelles ; les duels, les pluriels masculins réguliers et cinq substantifs se déclinent à l'aide de consonnes.

MOTS QUI SE DÉCLINENT AVEC DES VOYELLES

1re CATÉGORIE

Elle renferme tous les noms singuliers, masculins ou féminins, lorsqu'ils sont déterminés, et tous les pluriels irréguliers, également lorsqu'ils sont déterminés. Ces mots se déclinent ainsi :

NOMINATIF....	ـُ	(1) اَلْكَلْبُ	(2) اَلْكَلْبَةُ	(3) اَلْكِلَابُ
CAS DIRECT...	ـَ	اَلْكَلْبَ	اَلْكَلْبَةَ	اَلْكِلَابَ
CAS INDIRECT	ـِ	اَلْكَلْبِ	اَلْكَلْبَةِ	اَلْكِلَابِ

NOMINATIF....	(4) اَلْأَحْمَرُ	(5) اَلْفُقَرَآءُ	(6) اَلْحَمْرَآءُ	(7) اَلسَّلَاطِينُ
CAS DIRECT...	اَلْأَحْمَرَ	اَلْفُقَرَآءَ	اَلْحَمْرَآءَ	اَلسَّلَاطِينَ
CAS INDIRECT	اَلْأَحْمَرِ	اَلْفُقَرَآءِ	اَلْحَمْرَآءِ	اَلسَّلَاطِينِ

Lorsque ces mots sont *indéterminés,* ils prennent le tanouine, à l'exception de ceux mentionnés dans la

---

(1) Le chien. — (2) La chienne. — (3) Les chiens. — (4) Le rouge. — (5) Les pauvres. — (6) La rouge. — (7) Les rois.

catégorie suivante. Ils se déclinent alors de cette façon :

Nominatif....	ـٌ	كَلْبٌ	كَلْبَةٌ	كِلَابٌ
Cas direct...	(1) ـًا	كَلْبًا	كَلْبَةً	كِلَابًا
Cas indirect	ـٍ	كَلْبٍ	كَلْبَةٍ	كِلَابٍ

Remarque. — Les noms propres qui peuvent avoir le tanouine le perdent, s'ils sont suivis d'un autre nom propre précédé de ابن ; ex. : عَلِيٌّ بْنُ مُحَمَّدٍ, et, dans ce cas, le mot آبْن perd son ا initial.

2e CATÉGORIE

Il y a un certain nombre de noms qui, lorsqu'ils sont *indéterminés*, ne prennent ni le tanouine (2), ni le son ـِ du cas indirect. Ils n'ont que deux inflexions et ont été appelés *diptotes* pour cette raison. Ils se déclinent ainsi :

Nominatif....	ـُ	كِتَابٌ أَحْمَرُ (3)	رِجَالٌ فُقَرَآءُ (4)
Cas direct....	ـَ	كِتَابًا أَحْمَرَ	رِجَالًا فُقَرَآءَ
Cas indirect.	ـَ	كِتَابٍ أَحْمَرَ	رِجَالٍ فُقَرَآءَ

(1) Voyez page 9.

(2) Sauf quelquefois en poésie.

(3) Un livre rouge. — (4) Des hommes pauvres.

Appartiennent à cette catégorie :

1° Les pluriels quadrisyllabiques par ا (*Voy. p. 99*);

2° Les mots de la forme أَفْعَلُ (sauf quelques-uns formant leur féminin par l'addition d'un ةٌ, ou employés substantivement);

3° Les mots terminés par ـَآءُ, ne faisant pas partie de la racine;

4° Quelques adjectifs de la forme فَعْلَانُ ;

5° La plupart des noms propres, surtout ceux d'une origine étrangère à la langue arabe [1];

6° Quelques mots de la forme فُعَالُ.

3ᵉ CATÉGORIE

Elle renferme les pluriels féminins réguliers [2], qui se déclinent ainsi :

	Si le mot est indéterminé :		Si le mot est déterminé :	
NOMIN...	ـَاتٌ	نِسْوَةٌ مُسْلِمَاتٌ [3]	ـَاتُ	اَلنِّسْوَةُ ٱلْمُسْلِمَاتُ [4]
CAS DIR..	ـَاتٍ	نِسْوَةً مُسْلِمَاتٍ	ـَاتِ	اَلنِّسْوَةَ ٱلْمُسْلِمَاتِ
CAS IND..		نِسْوَةٍ مُسْلِمَاتٍ		اَلنِّسْوَةِ ٱلْمُسْلِمَاتِ

(1) Nous ne croyons pas devoir entrer dans des détails sur la déclinaison du nom propre.

(2) Voyez page 98.

(3) Des femmes musulmanes. — (4) Les femmes musulmanes.

8

MOTS QUI SE DÉCLINENT AVEC LES CONSONNES

1re CATÉGORIE

Elle renferme les *duels*, qui se déclinent ainsi :

NOMINATIF....	ـَانِ	(1) كَلْبَانِ	(2) كَلْبَتَانِ	(3) حَمْرَاوَانِ
CAS DIRECT... / CAS INDIRECT	ـَيْنِ	كَلْبَيْنِ	كَلْبَتَيْنِ	حَمْرَاوَيْنِ

REMARQUE. — Lorsqu'un mot au duel en gouverne un autre au cas indirect, il perd le ن final ; ex. : كَلْبَا ٱلرَّجُلِ *les deux chiens de l'homme ;* كَلْبَتَيْهَا *ses deux chiennes.*

2e CATÉGORIE

Elle renferme les *pluriels masculins réguliers*, qui se déclinent de la manière suivante :

NOMINATIF....	ـُونَ	(4) مُسْلِمُونَ	(5) فَلَّاحُونَ	(6) مِصْرِيُّونَ
CAS DIRECT... / CAS INDIRECT	ـِينَ	مُسْلِمِينَ	فَلَّاحِينَ	مِصْرِيِّينَ

REMARQUE. — Lorsqu'un mot, au pluriel masculin régulier, en gouverne un autre au cas indirect, il perd

(1) Deux chiens. — (2) Deux chiennes. — (3) Rouges toutes deux.

(4) Musulmans. — (5) Cultivateurs. — (6) Égyptiens.

le ن final ; ex. : مُسْلِمُوا مَكَّةَ *les musulmans de La Mecque.*

3ᵉ CATÉGORIE

Elle comprend cinq substantifs qui, lorsqu'ils sont déterminés, prennent au nominatif un و, au cas direct un ا, au cas indirect un ي. Ces noms sont : أَبٌ *père,* أَخٌ *frère,* حَمٌ *beau-père,* فُو *bouche,* ذُو *possesseur* (1). Ces deux derniers mots ne s'emploient que déterminés ; de plus, le second doit toujours être suivi d'un complément. On les déclinera donc, au nominatif (2) : أَبُو ,أَخُو, حَمُو , فُو et ذُو ; au cas direct : أَبَا ,أَخَا , حَمَا , فَا et ذَا ; au cas indirect : أَبِي ,أَخِي , حَمِي , فِي et ذِي. — Ils se trouvent réunis dans la phrase suivante :

ضَرَبَ أَبُو ذِي مَالٍ أَخَا حَمِيكَ عَلَى فِيهِ

Le père du possesseur de biens a frappé le frère de ton beau-père sur sa bouche.

---

(1) Nous n'ajoutons pas à cette liste le mot هَنٌ, qui est rarement employé.

(2) Au duel, ces noms font أَبَوَانِ, أَبَوَيْنِ — أَخَوَانِ, أَخَوَيْنِ, etc.

REMARQUES. — 1° Les mots terminés par ى doivent être regardés comme indéclinables, si la lettre qui précède porte le son *a*. Ils peuvent prendre le tanouine, s'ils n'appartiennent pas aux mots classés dans la deuxième catégorie des noms qui se déclinent avec des voyelles ; ex. : فَتًى *jeune homme* et آلْفَتَى, pour les trois cas. — Lorsque la lettre qui précède le ى a le son *i*, le mot se décline au cas direct ; ex. : مَاشِيًا *marchant* et آلْمَاشِيَ. Aux autres cas, on dira مَاشٍ et آلْمَاشِي. *(Voy. plus haut, p. 74, nos 1 et suiv.)* — 2° Les deux mots آمْرُؤٌ *homme* et آبْنُمٌ *fils* se déclinent, au nominatif, avec la voyelle ـُ sur les deux dernières lettres ; au cas direct, avec la voyelle ـَ : آمْرَءًا, آبْنَمًا ; au cas indirect, avec la voyelle ـِ : آمْرِءٍ, آبْنِمٍ.

CHAPITRE VI

ARTICLE — PRONOMS

ARTICLE (أَدَاةُ ٱلتَّعْرِيفِ ou أَلْأَلِفُ وَٱللَّامُ)

L'article est أَلْ, qui sert pour les deux genres et les trois nombres. Placé devant un mot commençant par une lettre solaire, il perd son djezm ; ex. : أَلرِّجْلُ *le pied*, أَلتِّبْنُ *la paille*, etc. — L'alif initial disparaît après la préposition لِ : لِلْبَلَدِ *à la ville*.

Nos articles indéterminés *un, une, des*, ne se rendent pas en arabe. Le tanouine suffit pour marquer l'indétermination.

PRONOMS ET ADJECTIFS DÉMONSTRATIFS

(أَسْمُ ٱلْإِشَارَةِ — أَسْمٌ مُبْهَمٌ)

Les *pronoms démonstratifs* sont :

SINGULIER

MASCULIN	FÉMININ
هٰذَا *celui-ci.*	هٰذِهِ / هٰذِي (rarement) *celle-ci.*

DUEL

MASCULIN		FÉMININ	
Nominatif..........	هَذَانِ	Nominatif	هَتَانِ
Cas dir. et indir...	هَذَيْنِ	Cas dir. et indir...	هَتَيْنِ

ces deux-ci.

PLURIEL

هَؤُلَآءِ *ceux-ci, celles-ci.*

Ces pronoms désignent les objets proches. Quelquefois, ils n'ont pas la première syllabe هَـ, originairement suivie d'un ا (هَاذَا), et deviennent ذَا, ذِي, ذَانِ, etc.

Les pronoms qui désignent les objets éloignés sont :

SINGULIER

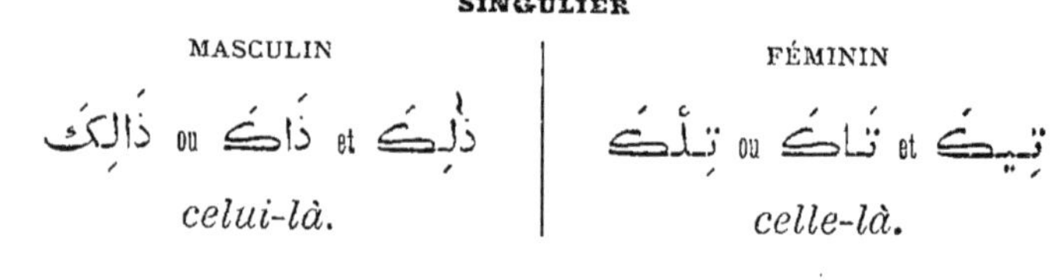

MASCULIN	FÉMININ
ذَلِكَ et ذَاكَ ou ذَالِكَ	تِيكَ et تَاكَ ou تِلْكَ
celui-là.	*celle-là.*

DUEL

Nominatif..........	ذَانِكَ	Nominatif..........	تَانِكَ
Cas dir. et indir...	ذَيْنِكَ	Cas dir. et indir...	تَيْنِكَ

ces deux-là.

PLURIEL

أُولَاكَ ou أُولَآئِكَ *ceux-là, celles-là.*

On dit aussi : ذَاكَ *celui-là,* تَاكَ *celle-là,* ذَانِّكَ *ces deux-là,* etc., mais moins fréquemment.

Les *adjectifs démonstratifs* se rendent à l'aide des mots précédents, suivis de l'article ; ex. : هٰذَا ٱلرَّجُلُ ou ذٰلِكَ ٱلرَّجُلُ *cet homme ;* هٰذِهِ ٱلْبِنْتُ ou تِلْكَ ٱلْبِنْتُ *cette fille ;* هٰذَانِ ٱلْكَلْبَانِ *ces deux chiens*, etc.

PRONOMS ET ADJECTIFS CONJONCTIFS OU RELATIFS

Ces pronoms sont :

SINGULIER

MASCULIN	FÉMININ
ٱلَّذِي *celui qui, qui, lequel.*	ٱلَّتِي *celle qui, qui, laquelle.*

DUEL

Nominatif...........	ٱللَّذَانِ	Nominatif...........	ٱللَّتَانِ
Cas dir. et indir....	ٱللَّذَيْنِ	Cas dir. et indir....	ٱللَّتَيْنِ

les deux qui, lesquels, lesquelles.

PLURIEL

ٱلَّذِينَ *ceux qui, qui, lesquels.*	ٱللَّاتِي *celles qui, qui, lesquelles.*

(On verra, dans la syntaxe, que les pronoms qui précèdent, à l'aide d'une tournure particulière, servent également à traduire les adjectifs conjonctifs, compléments direct ou indirect.)

أَيٌّ *qui, lequel, quel ;* أَيَّةٌ *qui, laquelle* (se déclinent au singulier ; n'ont ni duel ni pluriel) ;

مَنْ (invariable) *celui qui, celle qui, quiconque* (s'emploie pour les personnes) ;

مَا *qui, ce qui, ce que* (s'emploie pour les êtres non raisonnables);
أَيُّمَن *quiconque; —* أَيُّمَا *quelque chose que.*

Ces pronoms, à l'exception de اَلَّذِي, s'emploient aussi interrogativement : *qui...? quel...? que...?* etc.

DES PRONOMS PERSONNELS

Les pronoms personnels peuvent être *isolés* (ils sont alors toujours censés au nominatif ou sujets), ou joints à un mot précédent, c'est-à-dire *affixes.*

PRONOMS PERSONNELS ISOLÉS (ضَمِيرٌ مُنْفَصِلٌ)

SINGULIER

	MASCULIN	FÉMININ	
1re pers.....	أَنَا		*moi.*
2e pers.....	أَنْتَ	أَنْتِ	*toi.*
3e pers.....	هُوَ	هِيَ	*lui, elle.*

DUEL

2e pers.....	أَنْتُمَا	*vous deux.*
3e pers.....	هُمَا	*eux deux, elles deux.*

PLURIEL

	MASCULIN	FÉMININ	
1re pers.....	نَحْنُ		*nous.*
2e pers.....	أَنْتُمْ	أَنْتُنَّ	*vous.*
3e pers.....	هُمْ	هُنَّ	*eux, elles.*

PRONOMS AFFIXÉS (ضَمِيرٌ مُتَّصِلٌ)

SINGULIER

	MASCULIN		FÉMININ
1re pers.....		ـِـي	
2e pers.....	ـَـكَ		ـِـكِ
3e pers.....	ـُـهُ		ـَـهَا

DUEL

2e pers.....	ـُـكُمَا
3e pers.....	ـُـهُمَا

PLURIEL

	MASCULIN		FÉMININ
1re pers.....		ـَـنَا	
2e pers.....	ـُـكُمْ		ـُـكُنَّ
3e pers.....	ـُـهُمْ		ـُـهُنَّ

Le pronom ي de la première personne du singulier donne nécessairement à la lettre précédente le son *i*; il peut prendre la voyelle ـَ, ce qui est obligatoire lorsque la lettre qui précède est une lettre de prolongation (ا, و, ي); de plus, il se contracte avec le ي et le و : ـِيَّ pour ـِيـيَ ; فَلَّاحِيَّ pour فَلَّاحُويَ, de فَلَّاحُونَ. — Le ﻫ des pronoms des troisièmes personnes, ayant le son ـُ, prend la voyelle ـِ si la lettre précédente a le son ـِ ou

est un ـيـ sans voyelle ; ce qui fait : ـِيهِ , ـِيهِمَا , ـِيهِمْ , ـِيهِنَّ.
Si le mot qui doit être suivi des pronoms affixes est terminé par ي, précédé du son *a*, ce ي se change en ا ; ex. : بَنَى, suivi des pronoms affixes, deviendra بَنَا : بَنَاهُ , بَنَاهُمْ , etc.

PRONOMS AFFIXES AVEC LES SUBSTANTIFS

Lorsque les pronoms affixes sont joints aux substantifs, ils correspondent à nos *adjectifs possessifs* MON, MA, MES, TON, TA, TES, etc.

SINGULIER

	MASCULIN	FÉMININ	
1re pers.....	كِتَابِي		*mon livre.*
2e pers.....	كِتَابُكَ	كِتَابُكِ	*ton livre.*
3e pers.....	كِتَابُهُ	كِتَابُهَا	*son livre.*

DUEL

2e pers.....	كِتَابُكُمَا	*votre livre* (à tous deux).
3e pers.....	كِتَابُهُمَا	*leur livre* id.

PLURIEL

1re pers.....	كِتَابُنَا		*notre livre.*
2e pers.....	كِتَابُكُمْ	كِتَابُكُنَّ	*votre livre.*
3e pers.....	كِتَابُهُمْ	كِتَابُهُنَّ	*leur livre.*

Remarques. — Les pronoms affixes déterminent nécessairement le substantif, qui, par conséquent, perd le tanouine. — Lorsqu'un mot terminé par ة doit être suivi des pronoms affixes, le ة s'écrit comme un ت ; ex. : كَلْبَتِي *ma chienne*. — Le pronom affixe ي disparaît quelquefois lorsque le mot sert à appeler ; ex. : يَا عَمِّ pour يَا عَمِّي *mon oncle*.

PRONOMS AFFIXES AVEC LES PRÉPOSITIONS

Lorsque les pronoms affixes accompagnent une préposition ou une particule, ils correspondent aux pronoms personnels *moi, toi, lui*, etc. ; ex. : بِي *avec moi*, بِكَ *avec toi*, بِهِ *avec lui*, بِكُمْ *avec vous*, بِهِنَّ *avec elles*.

Remarques. — Les prépositions مِنْ *de*, عَنْ *de* et لَدُنْ *devant*, prennent un *chedda* lorsqu'elles sont suivies du pronom affixe ي : لَدُنِّي ، عَنِّي ، مِنِّي. — La préposition لِ *à*, suivie des pronoms affixes, prend un *fatha* : لَكَ *à toi*, لَهُ *à lui*, لَهُمْ *à eux*, etc. A la première personne, on dit nécessairement لِي *à moi*. — Les trois prépositions : إِلَى *vers*, عَلَى *sur*, لَدَى *devant*, suivies de ces pronoms, prennent un *djezm* sur le ي ; ex. : إِلَيْكَ *vers toi*, عَلَيْهِ *sur lui*, لَدَيْهِمْ *devant eux*.

A la première personne du singulier, on dit إِلَيَّ, عَلَيَّ, لَدَيَّ. — Les particules du cas direct *(Voy. page 110)* peuvent prendre un ن avant le ي de la première personne. Ce ن est obligatoire pour le mot لَيْتَ : إِنَّنِي *certes moi;* أَنَّنِي *que moi;* لَكِنَّنِي *mais moi;* لَعَلَّنِي *peut-être que moi;* لَيْتَنِي *plût à Dieu que moi!* On dit également : إِنِّي, أَنِّي, لَكِنِّي, لَعَلِّي.

PRONOMS AFFIXES AVEC LES VERBES

Lorsque ces pronoms sont joints à des verbes, ils correspondent à nos *pronoms personnels* ME, TE, LE, LA, etc. A la première personne du singulier, on ajoute un نْ avant le ي (نِي); ex. : يُحِبُّنِي *il m'aimera,* يُحِبُّهَا *il l'aimera,* يُحِبُّكُنَّ *il vous aimera,* يُحِبُّهُمْ *il les aimera.*

REMARQUES. — L'alif ajouté à la terminaison ـُوا disparaît lorsqu'il y a un pronom affixe. — La terminaison تُمْ de la deuxième personne du pluriel du prétérit, devient تُمُ ou تُمُو lorsqu'elle est suivie d'un pronom affixe; ex. : قَتَلْتُمُهُ ou قَتَلْتُمُوهُ *vous l'avez tué.* — Les deuxièmes et troisièmes personnes du plur. de l'aoriste indicatif, perdent quelquefois leur ن final devant les pronoms نِي et نَا. — Quelquefois aussi, surtout dans le Coran, le ي de la première personne disparaît; ex. :

اتَّقُونِ pour اتَّقُونِي *craignez-moi.* — Un verbe peut être accompagné de deux pronoms affixes ; exemple : رَزَقْتَنَاهَا *tu* NOUS L'*as accordée.* — Si les pronoms sont de la même personne, on appuie le second du mot إِيَّا ; ex. : رَزَقْتَهُ إِيَّاهَا *tu* LA LUI *as accordée.* On peut aussi employer le mot إِيَّا, même lorsque les pronoms ne sont pas de la même personne.

CHAPITRE VII

DES PARTICULES

Sous la dénomination de *particules,* les Arabes comprennent, outre l'article : la préposition, l'adverbe, la conjonction et l'interjection.

DE LA PRÉPOSITION (حَرْفُ ٱلْجَرِّ)

Les prépositions sont :

بِ *avec, au moyen de, à cause de, par.*

لِ *à, à cause de, pour, appartenant à.*

كَ *comme.*

(Ces trois prépositions se lient aux substantifs qu'elles accompagnent.)

مِنْ *de.*

إِلَى *vers, jusqu'à.*

عَلَى *sur, pour, contre.*

لَدَى *devant, chez, auprès.* (On dit aussi : لَدُنْ, لَدَنْ, لَدُ, etc.)

عَنْ *de* (provenant de), *au lieu de.*

فِي *dans, en, au sujet de, parmi.*

حَتَّى *jusqu'à.*

مُذْ et مُنْذُ *depuis, depuis que.*

حَاشَا
خَلَا } *excepté, si ce n'est, hormis.*
عَدَا

Toutes ces prépositions gouvernent le cas indirect. Les trois dernières, cependant, peuvent être suivies du cas direct, si on les considère comme des verbes. — La préposition كَ est très rarement accompagnée des pronoms affixes ; حَتَّى et مُنْذُ ne les prennent jamais.

Outre les différents mots que nous venons d'indiquer, la langue arabe renferme un certain nombre de substantifs employés comme prépositions. Ils sont mis à l'accusatif comme étant, pour la plupart, des termes circonstanciels ; et déterminés, parce qu'ils sont toujours suivis d'un complément. Plusieurs d'entre eux sont aussi employés adverbialement, mais alors ils ont le son ـَ sur la dernière lettre, même lorsqu'ils sont précédés d'une préposition.

بَيْنَ *entre, parmi, au milieu de...* (Suivie du substantif يد *main*, au duel, cette préposition forme une locution qui signifie *par-devant, en présence de* : بَيْنَ يَدَىْ مَلِكِهِمْ *en présence de leur roi.*)

عِنْدَ *chez, auprès.*

قَبْلَ *avant.*

بَعْدَ *après.*

فَوْقَ *sur, au-dessus de.*

تَحْتَ *sous, au-dessous de.*

قُدَّامَ }
أَمَامَ } *devant, en présence de.*

خَلْفَ *derrière, après.*

وَرَآءَ *derrière, au delà de.*

حَوْلَ *autour de.*

غَيْرَ }
سِوَى } *excepté, en dehors de, hormis, outre.*

نَحْوَ *du côté de, vers.*

دُونَ *en dehors de, au-dessous de, outre, contrairement à.*

مَعَ *avec, en compagnie de, outre, malgré.*

تِلْقَآءَ *vis-à-vis de, au-devant de.*

إِزَآءَ et حِذَآءَ *vis-à-vis de.*

Lorsque ces divers mots, employés prépositivement, sont précédés d'une préposition, ils reprennent le cas indirect; ex. : مِنْ عِنْدِهِ *de chez lui;* مِنْ قَبْلِهِ *avant lui;* بِإِزَآئِهِ *vis-à-vis de lui,* etc.

On peut ajouter à la liste des prépositions le mot رُبَّ, qui signifie *beaucoup de, combien de.*

La préposition *sans* se rend à l'aide de بِ *avec* et de la négation لَا *non* (بِلَا); ex. : بِلَا شَيْءٍ *sans aucune chose.*

DES ADVERBES

Les principaux sont :

هَلْ et أَ *est-ce que... ?*

لَ *certes.*

سَوْفَ et سَ *certes.*

(Les particules أَ, لَ et سَ sont inséparables du mot qu'elles accompagnent.)

إِذْ *lorsque, voici que, alors.*

إِذَا	*lorsque,* إِذَا بِ *voici que..., tout à coup.*
لَا	*ne... pas,* أَلَا *est-ce que... ne... pas?*
لَمْ	*ne... pas,* أَلَمْ *est-ce que... ne... pas?*
مَا	*ne... pas,* أَمَا *est-ce que... ne... pas?*
أَمْ	*est-ce que...? ou bien.*
إِنَّ	*certes,* إِنَّمَا *mais, seulement.*
أَيْنَ	*où,* مِنْ أَيْنَ *d'où.*
ثَمَّ	*ici.*
ثُمَّ	*ensuite, puis.*
قَدْ	*déjà.*
كُلَّمَا (1)	*toutes les fois que.*
هَاهُنَا et هُنَا	*ici.*
هُنَالِكَ et هُنَاكَ	*là.*
مِنْ قَبْلُ et قَبْلُ	*avant.*
مِنْ بَعْدُ et بَعْدُ	*après.*
مِنْ فَوْقُ et فَوْقُ	*au-dessus.*
مِنْ حَيْثُ et حَيْثُ	*partout où.*
لَا غَيْرُ	*pas plus, pas davantage, voilà tout.*

(1) Ne pas confondre كُلَّمَا *toutes les fois que,* avec كُلّ مَا, écrits en deux mots, et signifiant *tout ce qui...*

En réalité, la langue arabe a peu d'adverbes. Elle y supplée à l'aide du cas direct. Ainsi, la plupart de nos adverbes français terminés par *ment* se rendent, en arabe, par un substantif mis à l'accusatif; quelquefois aussi, par un substantif précédé de la préposition بِ.

Ex. :

كَثِيرًا	*grandement, beaucoup.*
اتِّفَاقًا	*fortuitement.*
كُرْهًا	*violemment.*
بِسُرْعَةٍ et سَرِيعًا	*promptement.*
طَوْعًا	*de bon gré.*
سَحَرًا	*de grand matin.*
يَوْمًا	*un jour.*
لَيْلًا	*de nuit, pendant la nuit.*
اَلْيَوْمَ	*aujourd'hui.*
اَلْأَمْسِ et أَمْسِ	*hier.*
غَدًا	*demain.*
اَلْآنَ	*maintenant,* etc., etc.

DES CONJONCTIONS

Outre celles que nous avons déjà données (1), nous citerons :

بَلْ	*au contraire, mais, loin de là.*
لِكَيْ	*afin que,* — كَيْ لَا *afin que ne... pas.*
أَلَّا (أَنْ لَا)	*que ne... pas.*
إِلَّا (إِنْ لَا)	*si ce n'est que...*
أَمْ et أَوْ	*ou, ou bien.*
لَكِنْ	*mais.*
لَوْ	*si,* — لَوْلَا *si ce n'était que...,* — وَلَوْ *quand même.*
إِمَّا	*soit.*
بَيْنَمَا	*tandis que.*
لَمَّا	*lorsque.*

(1) Voyez les particules qui se placent devant le prétérit (page 26), les aoristes (pages 31, 32), et les particules du cas direct (page 110).

DES INTERJECTIONS

Les plus employées sont :

يَا أَيُّهَا et يَا ô.

وَا *ah! hélas!* (Cette interjection est suivie d'un nom auquel on ajoute ordinairement la terminaison ـَا ou ـَاهْ ; ex. : وَا حَسْرَتَاهْ *oh soupir!* pour *hélas!* — وَا وَلَدَاهْ *hélas! mon pauvre enfant!*)

وَيْلٌ *malheur!* — وَيْلَكَ *malheur à toi!*

آهْ, أَوَّهْ *hélas!*

أُفٍّ *fi!* etc.

CHAPITRE VIII

DES NOMS DE NOMBRES

(أَسْمَاءُ ٱلْعَدَدِ)

NUMÉRATIFS CARDINAUX

Les numératifs cardinaux sont :

MASCULIN		FÉMININ	
وَاحِدٌ	١	وَاحِدَةٌ	un, une.
أَحَدٌ		إِحْدَى	
إِثْنَانِ	٢	إِثْنَتَانِ	deux.
ثَلَاثَةٌ	٣	ثَلَاثٌ	trois.
أَرْبَعَةٌ	٤	أَرْبَعٌ	quatre.
خَمْسَةٌ	٥	خَمْسٌ	cinq.

MASCULIN		FÉMININ	
سِتَّةٌ	٦	سِتٌّ	six.
سَبْعَةٌ	٧	سَبْعٌ	sept.
ثَمَانِيَةٌ	٨	ثَمَانٍ	huit.
تِسْعَةٌ	٩	تِسْعٌ	neuf.
عَشَرَةٌ	١٠	عَشْرٌ	dix.

De 3 à 10, le ة indique le *masculin*, et son retranchement le féminin.

MASCULIN			FÉMININ
أَحَدَ عَشَرَ	*onze*.........	١١	إِحْدَى عَشْرَةَ
اِثْنَا عَشَرَ	*douze*	١٢	اِثْنَتَا عَشْرَةَ
ثَلَاثَةَ عَشَرَ	*treize*.......	١٣	ثَلَاثَ عَشْرَةَ

MASCULIN			FÉMININ
أَرْبَعَةَ عَشَرَ	*quatorze..*	١٤	أَرْبَعَ عَشْرَةَ
خَمْسَةَ عَشَرَ	*quinze.....*	١٥	خَمْسَ عَشْرَةَ
سِتَّةَ عَشَرَ	*seize........*	١٦	سِتَّ عَشْرَةَ
سَبْعَةَ عَشَرَ	*dix-sept....*	١٧	سَبْعَ عَشْرَةَ
ثَمَانِيَةَ عَشَرَ	*dix-huit...*	١٨	ثَمَانِيَ عَشْرَةَ
تِسْعَةَ عَشَرَ	*dix-neuf...*	١٩	تِسْعَ عَشْرَةَ

Il est bon d'observer, dès à présent, que le substantif qui suit les noms de nombres de 11 à 99 inclusivement, se met au singulier et au cas direct indéterminé ; ex. : رَأَيْتُ أَحَدَ عَشَرَ كَوْكَبًا *j'ai vu onze étoiles.*

Les noms des dizaines, pour le masculin et le féminin, se forment en ajoutant ـُونَ aux noms des unités, privés du ة. Ils suivent la déclinaison des pluriels masculins réguliers ; ils perdent très rarement le ن final. Ex. :

عِشْرُونَ	*vingt.............*	٢٠	سِتُّونَ	*soixante.........*	٦٠
ثَلَاثُونَ	*trente............*	٣٠	سَبْعُونَ	*soixante-dix...*	٧٠
أَرْبَعُونَ	*quarante........*	٤٠	ثَمَانُونَ	*quatre-vingts..*	٨٠
خَمْسُونَ	*cinquante.......*	٥٠	تِسْعُونَ	*quatre-vingt-dix.*	٩٠

Pour compter d'une dizaine à l'autre, on exprime le nom des unités avant celui de la dizaine ; ainsi, l'on dit : أَحَدٌ وَعِشْرُونَ *vingt et un*, ٢١ ; ثَلَاثَةٌ وَعِشْرُونَ *vingt-trois*, ٢٣, etc. Les deux mots sont alors déclinables.

مِأيَةٌ ou مِئَةٌ ou مِايَةٌ *cent*, 100, ١٠٠ ; مِائَتَانِ 200, ٢٠٠ ; ثَلَاثُ مِائَةٍ (1) ou, en un seul mot, ثَلَاثُمِائَةٍ 300, ٣٠٠ ; أَرْبَعُ مِائَةٍ ou أَرْبَعُمِائَةٍ 400, ٤٠٠, etc. (pour les 2 genres).

أَلْفٌ *mille*, 1,000 ; أَلْفَانِ 2,000 ; ثَلَاثَةُ آلَافٍ 3,000 ; أَحَدَ عَشَرَ أَلْفًا 11,000 ; مِائَةُ أَلْفٍ 100,000 ; مِائَتَا أَلْفٍ 200,000, etc., etc.

أَلْفُ أَلْفٍ *un million* (mille mille).

أَلْفٌ وَثَمَانِمِائَةٍ وَثَمَانِيَةٌ وَسَبْعُونَ 1878.

أَلْفٌ وَمِائَتَانِ وَخَمْسَةٌ وَثَمَانُونَ 1285.

فِي سَنَةِ أَلْفٍ وَثَمَانِمِائَةٍ وَتِسْعَةٍ وَأَرْبَعِينَ En l'année 1849.

On peut également lire, en commençant par la droite :

فِي سَنَةِ تِسْعَةٍ وَأَرْبَعِينَ وَثَمَانِمِائَةٍ وَأَلْفٍ

---

(1) Le mot مِائَة reste au singulier.

NUMÉRATIFS ORDINAUX

Les numératifs ordinaux, jusqu'à *dixième*, ont la forme des participes présents du verbe primitif, à l'exception du mot *premier*, qui se dit أَوَّلُ (1), fém. أُولَى, plur. أَوَّلُونَ. Ex. :

ثَانٍ *deuxième.*	خَامِسٌ *cinquième.*	ثَامِنٌ *huitième.*
ثَالِثٌ *troisième.*	سَادِسٌ *sixième.*	تَاسِعٌ *neuvième.*
رَابِعٌ *quatrième.*	سَابِعٌ *septième.*	عَاشِرٌ *dixième.*

Le féminin s'obtient en ajoutant un ة : ثَانِيَةٌ, ثَالِثَةٌ, etc.

De *onzième* à *dix-neuvième*, on dit, d'une façon indéclinable : حَادِيَ عَشَرَ pour le masc., et حَادِيَةَ عَشْرَةَ pour le fém., *onzième ;* ثَانِيَ عَشَرَ pour le masc., et ثَانِيَةَ عَشْرَةَ pour le fém., *douzième*, etc.

Si le premier mot est précédé de l'article, il redevient déclinable : الرَّابِعُ عَشَرَ pour le masc., et الرَّابِعَةُ عَشْرَةَ pour le fém., *quatorzième.*

---

(1) Ce mot est un *comparatif.* (V. chapitre suivant, comment se forment les comparatifs.)

Pour exprimer les dizaines des numératifs ordinaux, on se sert des nombres cardinaux ; ex. : le *cinquante-deuxième et le soixante-cinquième,* الثَّانِي وَٱلْخَمْسُونَ وَٱلْخَامِسُ وَالسِّتُّونَ.

FRACTIONS

Les noms de fractions, de 1/3 à 1/10, sont de la forme فُعْل ou فُعُل, rarement فَعِيل, plur. أَفْعَال. Ex. :

1/3.	أَثْلَاث, pl. ثُلُث ou ثُلْث	1/7.	.... سُبْع
1/4.	.... رُبْع	1/8.	.... ثُمْن
1/5.	.... خُمْس	1/9.	.... تُسْع
1/6.	.... سُدْس	1/10.	.... عُشْر

Moitié ou *demi* se rend par نِصْف ou نُصْف, pl. أَنْصَاف.

Au-dessus de 1/10e, les noms de fractions s'expriment à l'aide d'une tournure particulière dans laquelle entre le mot جُزْء, pl. أَجْزَاء, *fraction, partie.* Ex. :

5/34es, خَمْسَةُ أَجْزَاءٍ مِنْ أَرْبَعَةٍ وَثَلَاثِينَ جُزْءٍ

CHAPITRE IX

DE LA FORMATION DES DIFFÉRENTS NOMS

(SUBSTANTIFS ET ADJECTIFS)

Les noms, comme les verbes, peuvent être *primitifs* ou *dérivés*. Les primitifs sont ceux qui ne dérivent d'aucun autre mot; les autres sont dits dérivés.

Exemples de noms primitifs :

فَمٌ	*bouche.*	كَوْكَبٌ	*étoile.*
جَبَلٌ	*montagne.*	عُنْقُودٌ	*grappe,* etc.

Les noms primitifs et dérivés peuvent être des noms *communs* ou des noms *propres*. Il n'y a pas, en arabe, de noms composés, à l'exception de quelques noms propres.

Nous savons comment on obtient les participes et les noms d'action. Nous ferons remarquer que les participes sont employés souvent substantivement. Ainsi, حَاكِمٌ *jugeant,* signifie, comme substantif, *juge, chef,* et a pour pluriel حُكَّام ; il est aussi employé comme nom propre : *Hâkem;* — مَكْتُوب *écrit,* signifie, comme substantif, *un écrit, une lettre;* il fait au plur. مَكَاتِيبُ, etc.

Avant de dire comment on obtient les différents substantifs et adjectifs dérivés, nous ferons quelques remarques sur certaines formes :

1° La forme فُعْلَةٌ indique les couleurs, comme substantifs ; ex. : صُفْرَةٌ *la couleur jaune,* حُمْرَةٌ *la couleur rouge, rougeur,* خُضْرَةٌ *verdeur,* etc. ; — ou ce que peut contenir un lieu, un vase : comme جُرْعَةٌ *gorgée,* لُقْمَةٌ *bouchée,* etc. ;

2° La forme فِعْلَةٌ indique une petite portion de, un fragment ; ex. : فِرْقَةٌ *fraction,* فِلَّةٌ *petite quantité de,* فِطْعَةٌ *morceau ;*

3° La forme فُعَالٌ désigne les maladies, les affections : سُعَالٌ *toux,* مُخَاطٌ *mucus ;*

4° La forme فُعَالَةٌ indique le résidu : قُرَاضَةٌ *rognure,* كُنَاسَةٌ *balayure ;*

5° La forme فِعَالَةٌ indique une profession, un emploi : خِلَافَةٌ *fonction de calife,* وِزَارَةٌ *fonction de vizir,* خِيَاطَةٌ *métier de tailleur.*

NOMS DE TEMPS ET DE LIEU

(ٱسْمُ ٱلزَّمَانِ وَٱلْمَكَانِ[1])

Les noms qui indiquent le temps ou le lieu sont caractérisés par un م initial, portant un *fatha*. Quelques-uns sont terminés par ة. — Ils appartiennent à l'une des formes مَفْعَلٌ, مَفْعِلٌ et مَفْعَلَةٌ. Ex. :

مَسْكِن	*habitation.*	مَوْضِع	*place.*
مَقْبُرَة ou مَقْبَرَة	*cimetière.*	مَنَارَة	*phare.*
مَلْجَأ	*refuge.*	مَرْعًى et مَرْعَاة	*pâturage.*
مَجْلِس	*lieu* ou *temps des séances.*	مَقَرّ	*lieu où l'on est à demeure fixe.*

Remarques. — La forme مَفْعَلَة indique aussi les noms qui marquent l'abondance dans un lieu : مَأْسَدَة *lieu abondant en lions.* — Les participes passés des verbes dérivés peuvent être employés comme noms de temps et de lieu.

---

(1) On les appelle aussi ظَرْفُ ٱلزَّمَان, c'est-à-dire *vase du temps,* etc.

NOM D'INSTRUMENT OU DE VASE
(اِسْمُ آلَةٍ أَوْ وِعَاءٍ)

Les noms d'instruments ou de vases sont caractérisés par un مِـ initial, ayant un *kesra*. Ils appartiennent à l'une des formes مِفْعَلٌ, مِفْعَالٌ et مِفْعَلَةٌ. Ex. :

مِبْرَد	*lime.*	مِسَلَّة	*grande aiguille.*
مِحْلَب	*vase à traire.*	مِيزَان	*balance.*
مِفْتَاح	*clé.*	مِقْوَد	*longe.*
مِغْرَفَة	*cuiller* (instrument qui sert à puiser).	مِشْوَاة	*gril.*

REMARQUES. — Quelques noms de cette espèce appartiennent aux formes مُفْعُلٌ et مُفْعُلَةٌ. — La forme مِفْعَالٌ s'applique aussi à certains noms de temps ou de lieu venant de racines assimilées : مِيضَآءٌ et مِيضَاةٌ *endroit où l'on fait ses ablutions ;* مِيلَاد *époque de la naissance.*

NOM DE MÉTIER (اِسْمُ الحِرْفَةِ)

Les noms qui indiquent un métier appartiennent à la forme فَعَّالٌ, qui caractérise aussi les noms qui marquent une intensité (مُبالغة) ou une habitude (عادة). Cette forme est quelquefois terminée par un ة. Ex. :

نَجَّار	*menuisier.*	رَزَّاف	*qui donne en abond*ce.
فَلَّاح	*cultivateur.*	فَهَّامة	*très intelligent.*
غَفَّار	*très clément.*	عَبَّاس	*sévère de visage.*

Remarques. — Un certain nombre de noms de métiers sont formés par la terminaison turque جي, ajoutée aux substantifs. On les rencontre surtout dans les écrits modernes provenant des localités qui ont été occupées par les Turcs ; ex. : ساعتجي *horloger,* قهوتجي *cafetier.* D'autres noms de métiers ont la terminaison des adjectifs relatifs. *(Voy. plus loin.)*

DU DIMINUTIF (اَسْمُ التَّصْغِير)

Le diminutif est caractérisé par un *damma* (ـُ) sur la première lettre, et un يْ djezmé après la seconde.

Il a pour types, suivant le nombre des lettres du primitif qui lui donne naissance :

فُعَيْل (le primitif ayant trois lettres, avec ou sans ة) ;

فُعَيِّل (si l'avant-dernière lettre est un ا, و ou ي);

فُعَيْلِل (le primitif ayant quatre lettres, sans lettre de prolongation);

فُعَيْلِيل (si la dernière syllabe est précédée de ا, و ou ي);

فُوَيْعِل (si le primitif, ayant quatre lettres, la seconde est ا, و ou ي).

Le diminutif ajoute au primitif le sens de *petitesse, gentillesse, délicatesse.* Ex. :

طُفَيْلٌ	*petit garçon*......	de طِفْلٌ
كُتَيِّبٌ	*petit livre*.........	de كِتَابٌ
مُبَيْرِدٌ	*petite lime*........	de مِبْرَدٌ
سُلَيْطِينٌ	*petit roi*..........	de سُلْطَانٌ
قُوَيْدِرٌ	*Kouider* (n. pr.)...	de قَادِرٌ

REMARQUES. — 1° On ajoute un ة aux diminutifs venant de mots féminins ayant une forme masculine, à moins que le primitif ne soit quadrilitère ; ex. : شُمَيْسَةٌ de شَمْسٌ *soleil ;* عُقَيْرِبٌ de عَقْرَبٌ *scorpion ;*

2° Si la deuxième lettre du primitif est une lettre de prolongation, elle se change, au diminutif, en و, sauf de rares exceptions ; ex. : بُوَيْتٌ *petite tente,* de بَيْتٌ ; on peut cependant dire aussi : بُيَيْتٌ ;

3° Pour former le diminutif, il faut toujours remonter aux lettres radicales, quels que soient les changements qu'ait subis le primitif. Ainsi, آبْنٌ (rac. بنى) aura pour diminutif بُنَيٌّ , et آبْنَةٌ, بُنَيَّةٌ ; — أَبٌ (rac. ابو) aura pour diminutif أُبَيٌّ ;

4° Dans les diminutifs de plus de quatre lettres (non compris ا, و, ي ou ة), on rejette la dernière lettre ;

5° Si le primitif vient d'une racine sourde, et si ses deux dernières radicales sont réunies, elles restent réunies dans le diminutif, bien que le يـ qui précède ait un *djezm ;*

6° Si le primitif est terminé par ة, ـَى ou ـَآء serviles, qui indiquent ordinairement le féminin, ou par ـان servile, après trois radicales au moins, on forme le diminutif de la partie qui précède cette terminaison, et celle-ci est ajoutée au diminutif ;

7° La formation du diminutif s'applique à quelques pluriels [1].

---

(1) Il y a encore quelques autres particularités, dont l'application est très rare, que nous ne croyons pas devoir signaler.

ADJECTIFS QUALIFICATIFS (نَعْتٌ ou صِفَةٌ)

Les principales formes d'adjectifs qualificatifs sont :

فَعِيلٌ Ex. : كَبِير *grand,* عَظِيم *puissant,* طَيِّب *bon,* طَوِيل *long,* غَنِيّ *riche ;*

فَعُولٌ Ex. : عَجُوز *vieux,* كَذُوب *menteur,* عَدُوّ *ennemi ;*

فَعْلٌ Ex. : صَعْب *pénible ;*

فَعِلٌ Ex. : سَهِل *plat,* فَرِح *joyeux ;*

فَعْلَانٌ et فَعْلَانُ Ex. : فَرْحَانُ *content,* عَطْشَانُ *altéré.*

La forme فَعْلَان indique habituellement un état passager.

On trouve encore des adjectifs appartenant aux formes فُعْلٌ , فِعْلٌ , فَعَلٌ , فَعَالٌ , فُعَالٌ , فُعْلَانٌ .

Les formes فُعَّالٌ , فِعِّيلٌ , فَعُّولٌ , مِفْعَالٌ et quelques autres, indiquent l'énergie ou l'intensité ; ex. : صِدِّيق *très véridique,* مِقْدَام *audacieux.*

Les participes sont également employés comme adjectifs.

COMPARATIF ET SUPERLATIF (آسْمُ آلتَّفْضِيلِ)

La forme أَفْعَلُ caractérise le comparatif, et, avec l'article, le superlatif; ex. : أَحْسَنُ *plus beau,* أَرَقُّ *plus mince,* أَطْوَلُ *plus long,* أَوْفَى *plus parfait.* Le féminin, dans ce cas, est de la forme فُعْلَى ; ex. : حُسْنَى *plus belle,* etc.

Cette forme أَفْعَلُ indique aussi des adjectifs de couleurs ou de particularités physiques. Le féminin est alors de la forme فَعْلَآءُ ; ex. : أَعْوَرُ, fém. عَوْرَآءُ *borgne;* أَصْفَرُ, fém. صَفْرَآءُ *jaune,* etc.

Remarque. — Dans quelques rares mots employés substantivement, la forme أَفْعَلُ prend un ة au féminin ; ex. : أَرْمَلَةٌ *veuve malheureuse.*

ADJECTIF RELATIF (الإِسْمُ المَنْسُوبُ)

L'adjectif relatif est celui qui exprime une relation avec un objet, une idée, un pays, un métier, etc., comme les mots français *manuel, spirituel, algérien,* etc. — En arabe, cet adjectif se forme en ajoutant la terminaison ـِيٌّ au nom dont on veut le tirer. Si ce nom est terminé par ة, on le supprime pour former l'adjectif relatif. Ex. :

عَقْلِيٌّ *intellectuel....* de عَقْل *intelligence.*

وَهْرَانِيٌّ *Oranais.......* de وَهْرَان *Oran.*

مَكِّيٌّ *de La Mecque.* de مَكَّة *La Mecque.*

La formation des adjectifs relatifs est sujette à certaines particularités ; voici les plus importantes :

Si la dernière lettre du primitif se trouve être un ى, précédé du son *a*, ce ي se change en و pour former l'adjectif relatif ; ex. : عَصَوِيٌّ de عَصًى *bâton,* فَتَوِيٌّ de فَتًى *enfant,* دُنْيَوِيٌّ de دُنْيَا *plus proche.*

Lorsque la dernière lettre du primitif est un ء (ـَاءُ), indiquant le féminin, il se change en و dans l'adjectif relatif ; ex. : خَضْرَاوِيٌّ de خَضْرَآءُ. Si le *hamza* remplace une lettre faible, on peut le conserver dans l'adjectif relatif ou le changer également en و ; ex. : سَمَآئِيٌّ ou سَمَاوِيٌّ, de سَمَآءٌ *ciel.*

Les voyelles du primitif sont quelquefois changées dans l'adjectif relatif. Ainsi, de مَلِكٌ *roi,* on a l'adjectif relatif مَلَكِيٌّ.

La forme فَعِيل ou فَعِيلَة perd souvent, dans l'adjectif relatif, le ي et le *kesra*, qui est remplacé par un *fatha*. Ainsi, de جَزِيرَة *île*, on tire l'adjectif relatif جَزَرِيّ. Si l'adjectif de la forme فَعِيل vient d'une racine défectueuse par ي, on change ce ي en و dans l'adjectif relatif; ex. : غَنَوِيّ de غَنِيّ *riche*.

Si, dans le primitif, une lettre radicale a été supprimée, à moins que le mot ne vienne d'une racine assimilée, cette radicale reparaît dans l'adjectif relatif; ex. : أَبَوِيّ de أَبٌ *père*; بَنَوِيّ de آبْنٌ (rac. بنى) *fils*.

Quelques adjectifs relatifs prennent la terminaison ـَانِيّ.

Enfin, il y en a un certain nombre qui se forment d'une manière irrégulière, et que l'usage seul peut faire connaître.

CHAPITRE X

DE LA SYNTAXE DU VERBE

Dans les chapitres précédents, nous avons examiné les différentes parties du discours au point de vue des changements que les mots peuvent subir comme genre, mode, nombre, cas, etc. Nous allons voir, maintenant, comment ces divers mots se combinent entre eux pour former les propositions et les phrases. Nous suivrons la même marche que précédemment, et nous traiterons, tout d'abord, de la SYNTAXE DU VERBE.

ACCORD DU VERBE AVEC SON SUJET

= En général, le sujet se place après le verbe ; ex. :

قَالَ يُوسُفُ لِأَبِيهِ (1) *Joseph dit à son père.*

= Le verbe, employé aux premières ou secondes personnes, doit toujours s'accorder avec son sujet ; ex. :

إِنِّي أَرَانِي أَعْصِرُ خَمْرًا *Je me vois je presse (pressant) du raisin (du vin).*

= Si les sujets sont de différentes personnes, on

(1) Les exemples que nous donnons sont pris, pour la plupart, dans la XIIe sourate du Koran : سورة يوسف .

donne la priorité à la première sur la seconde, à la seconde sur la troisième ; ex. :

جِئْنَا أَنَا وَمُحَمَّدٌ *Mohammed et moi sommes venus.*

سَمَّيْتُمُ ٱلْأَسْمَاءَ أَنْتُمْ وَآبَاؤُكُمْ *Vous avez donné les noms, vous et vos ancêtres.*

= Lorsque le verbe précède son sujet, il peut rester à la 3e p. du masc. sing. du prétérit ou de l'aoriste ; ex. :

لَا يُفْلِحُ ٱلظَّالِمُونَ *Les pervers ne seront pas heureux.*

قَالَ نِسْوَةٌ فِي ٱلْمَدِينَةِ *Des femmes, dans la ville, dirent.*

ٱسْتَيْأَسَ ٱلرُّسُلُ وَظَنُّوا أَنَّهُمْ قَدْ كُذِبُوا (1) *Les prophètes désespérèrent et pensèrent qu'ils étaient traités de menteurs.*

جَاءَ إِخْوَةُ يُوسُفَ فَدَخَلُوا عَلَيْهِ فَعَرَفَهُمْ *Les frères de Joseph vinrent; ils entrèrent auprès de lui ; il les reconnut.*

عَلَى ٱللهِ فَلْيَتَوَكَّلِ ٱلْمُتَوَكِّلُونَ *Que ceux qui mettent leur confiance en quelqu'un, la mettent en Dieu.*

دَخَلَ مَعَهُ ٱلسِّجْنَ فَتَيَانِ *Deux jeunes gens entrèrent dans la prison avec lui.*

---

(1) Cette phrase peut être encore interprétée d'une autre manière.

Il ne serait pas élégant, ni même correct, d'après certains grammairiens arabes, de dire : دَخَلَا ٱلرَّجُلَانِ *les deux hommes sont entrés ;* دَخَلُوا ٱلرِّجَالُ *les hommes sont entrés.*

= Si le sujet est un substantif du genre féminin réel, et placé immédiatement après le verbe, celui-ci doit se mettre au féminin singulier. S'il ne le suit pas immédiatement, on peut laisser le verbe au masculin, quoiqu'il soit préférable d'employer le féminin ; ex. :

دَخَلَتِ ٱلْعَجُوزَةُ *La vieille entra.*

قُتِلَتِ ٱلْبِنْتُ *La fille fut tuée.*

قَالَتِ ٱمْرَأَةُ ٱلْعَزِيزِ *La femme d'El-Aziz (du puissant) dit.*

= Lorsque le sujet est un substantif du genre féminin, un collectif, un nom indiquant l'espèce, un pluriel irrégulier, un pluriel féminin régulier ou même un duel, le verbe peut se mettre au féminin singulier (ce qui est même plus élégant), soit qu'il précède ou suive son sujet. On explique alors le féminin en sous-entendant un mot tel que جَمَاعَةٌ *réunion,* كَافَّةٌ, جُمْلَةٌ *totalité ;* ex. :

غَرَبَتِ ٱلشَّمْسُ *Le soleil s'est couché.*

تَأْكُلُ ٱلطَّيْرُ مِنْ ذَٰلِكَ ٱلْخُبْزِ *Les oiseaux mangeaient de ce pain.*

جَآءَتْ سَيَّارَةٌ *Vinrent des voyageurs.*

سَوَّلَتْ لَكُمْ أَنْفُسُكُمْ أَمْرًا *Vos âmes vous ont représenté une affaire* (c.-à-d. : *vos esprits vous ont fait imaginer cette ruse).*

كُذِّبَتِ ٱلْآيَاتُ *Les signes ont été traités de mensonge.*

اِبْيَضَّتْ عَيْنَاهُ مِنَ ٱلْحُزْنِ *Ses yeux blanchirent de tristesse.*

= Si le sujet est un pluriel masculin régulier, on ne peut pas mettre le verbe au féminin singulier, à moins que ce ne soit un des rares substantifs ayant la terminaison de ces pluriels.

On ne pourra donc pas dire :

قَامَتِ ٱلْمُؤْمِنُونَ *les Croyants se sont levés ;*

mais on dira :

قَالَتْ بَنُوا إِسْرَآئِيلَ *les enfants d'Israïl ont dit.*

= Si le sujet est un pluriel irrégulier ou un collectif désignant des êtres raisonnables ou supposés tels, on peut mettre le verbe au pluriel, soit qu'il précède, soit qu'il suive son sujet. Avec les noms d'animaux, on trouve même le féminin pluriel ; ex. :

تَرَكْتُ مِلَّةَ قَوْمٍ لَا يُؤْمِنُونَ بِٱللَّهِ *J'ai abandonné la religion d'un peuple qui ne croit pas en Dieu.*

يَا أَيُّهَا ٱلْمَلَأُ أَفْتُونِي فِي رُؤْيَايَ *O gens (grands, chefs), expliquez-moi ma vision !*

يَأْتِي عَامٌ فِيهِ يُغَاثُ ٱلنَّاسُ وَفِيهِ يَعْصِرُونَ *Une année viendra, dans laquelle les gens seront arrosés par la pluie (verront leurs champs arrosés par la pluie), et dans laquelle ils presseront (les raisins).*

لَا يَشْرَبُ ٱلْأَسَدُ مِنْ مَآءٍ إِذَا كَانَ ٱلْكِلَابُ وَلَغْنَ فِيهِ *Le lion ne boit pas d'une eau dans laquelle les chiens ont lapé.*

= Si les sujets sont de différents genres, on donne ordinairement la préférence au masculin ; ex. :

دَخَلَ فِي ٱلدَّارِ هٰذَا ٱلرَّجُلُ وَٱمْرَأَتُهُ وَجَلَسَا *Cet homme et sa femme sont entrés dans la maison et se sont assis.*

NOTA. — Nous ferons remarquer, en passant, que la plupart des règles qui précèdent s'appliquent à l'accord des adjectifs, des participes et des pronoms, avec les substantifs auxquels ils se rapportent.

EMPLOI DU PRÉTÉRIT (1)

Le prétérit exprime le plus souvent un fait passé ; il a surtout ce sens lorsqu'il est précédé de la particule قَدْ *déjà ;* ex. :

لَمَّا سَمِعَتْ بِمَكْرِهِنَّ أَرْسَلَتْ إِلَيْهِنَّ وَأَعْتَدَتْ لَهُنَّ مُتَّكَأً *Lorsqu'elle entendit (parler) de leur ruse (de leurs propos malveillants), elle envoya vers elles et elle leur prépara un banquet.*

قَدْ قُلْتُ لَهُ *Je lui ai dit.*

حَتَّى نَظَرَهُ *Jusqu'à ce qu'il l'eut vu.*

Quelquefois, le prétérit peut être traduit en français par le présent, comme dans les actes, les transactions, parce que l'on considère les faits qui y sont relatés comme accomplis ; ex. :

اشْتَرَى مُحَمَّدٌ دَارًا *Mohammed achète une maison.*

تَزَوَّجَ مَخْطُوبَتَهُ فُلَانَة *Il épouse celle qu'il a demandée en mariage, une telle.*

حَكَمَ عَلَيْهِ الْقَاضِي بِ... *Le cadi le condamne à...*

أَرَادَ الْآنَ أَنْ يَأْخُذَ حَظَّهُ *Il désire maintenant recevoir sa part.*

---

(1) Voyez page 26.

Le prétérit a nécessairement le sens du présent ou du futur, lorsqu'il est sous l'influence d'un des mots que nous avons donnés à la page 26 ; ex. :

إِنْ أَكَلَهُ ٱلذِّئْبُ *Si le loup le mange.*

إِنْ شَاءَ ٱللّٰهُ *Si Dieu le veut.*

إِذَا جَاءَ نَصْرُ ٱللّٰهِ *Lorsque le secours de Dieu arrivera.*

أَيَّ شَيْءٍ فَعَلَ *Quelque chose qu'il fasse.*

مَنْ صَبَرَ نَالَ *Celui qui patiente obtient.*

إِنِّي أَخَافُ إِنْ عَصَيْتُ رَبِّي عَذَابًا عَظِيمًا *Je crains un châtiment terrible, si je désobéis à mon Seigneur.*

Pour compléter la liste des mots qui donnent au prétérit le sens du présent ou du futur, nous ajouterons les suivants : أَيُّمَنْ *quiconque ;* مَا *quelque chose que* et *tant que ;* كُلَّمَا *toutes les fois que ;* حَيْثُ et حَيْثُمَا *partout où ;* أَنَّى *de quelque façon que ;* أَيْنَ et أَيْنَمَا *en quelque lieu que ;* كَيْفَ et كَيْفَمَا *de quelque façon que.*

Souvent, le prétérit est employé pour exprimer un souhait ; ex. :

حَفِظَكَ ٱللّٰهُ *Que Dieu te garde !*

أَعَزَّهُ ٱللّٰهُ *Que Dieu le rende puissant !*

تَعَالَى *Qu'il (Dieu) soit exalté !*

Enfin, il peut arriver qu'un prétérit, à cause des propositions qui précèdent, doive être traduit par le plus-que-parfait.

EMPLOI DE L'AORISTE INDICATIF

L'aoriste indicatif a le sens du futur ou du présent indéfini, c'est-à-dire du présent n'excluant pas l'idée du futur, ni même celle du passé. Le sens du futur est précisé à l'aide de la particule سَوْفَ ou سَـ ; ex. :

نَحْنُ نَقُصُّ عَلَيْكَ أَحْسَنَ ٱلْقَصَصِ *Nous te raconterons la plus belle des histoires.*

كَذَٰلِكَ يَجْتَبِيكَ رَبُّكَ وَيُعَلِّمُكَ مِنْ تَأْوِيلِ ٱلْأَحَادِيثِ وَيُتِمُّ نِعْمَتَهُ عَلَيْكَ *C'est ainsi que Dieu te choisira et t'enseignera l'interprétation des événements, et complétera ses bienfaits envers toi.*

سَوْفَ أَسْتَغْفِرُ لَكُمْ رَبِّي *J'implorerai le pardon de mon Dieu pour vous.*

سَنُرَاوِدُ عَنْهُ أَبَاهُ *Nous solliciterons son père à son sujet.*

لَا يُفْلِحُ ٱلظَّالِمُونَ *Les coupables ne prospèrent pas.*

أَعْلَمُ مَا لَا تَعْلَمُونَ *Je sais ce que vous ne savez pas.*

مَا يُؤْمِنُ أَكْثَرُهُمْ بِٱللّٰهِ *La plupart ne croient pas en Dieu.*

L'aoriste indicatif vient quelquefois à la suite d'un autre verbe. Il peut alors être rendu souvent par notre infinitif ; ex. :

تَفْتَؤُ تَذْكُرُ يُوسُفَ *Tu cesseras de parler de Joseph.*

ذَهَبْنَا نَسْتَبِقُ *Nous partîmes (n. n. mêmes) à nous poursuivre.*

جَآؤُا يَبْكُونَ *Ils vinrent en pleurant.*

إِنِّي أَرَانِي أَعْصِرُ خَمْرًا *Je me vois pressant du vin.*

Les verbes qui signifient *se mettre à, devenir, être,* et ceux qui marquent que l'on est ou que l'on fait la chose *à un certain moment,* sont fréquemment suivis de l'aoriste indicatif ; ex. :

جَعَلَ يَبْكِي *Il se mit à pleurer.*

أَخَذَ يُوَبِّخُهُ *Il se mit à le réprimander.*

أَصْبَحَ يَتَوَجَّعُ *Il se mit (il se trouva au matin) à se plaindre.*

ظَلَّ يَلْعَبُ *Il a passé la journée à jouer.*

بَاتُوا يُنْشِدُونَ ٱلْأَشْعَارَ *Ils ont passé la nuit à réciter des vers.*

صَارَ يَأْتِي كُلَّ يَوْمٍ عِنْدَهُ *Il venait (il se mit à venir) chaque jour chez lui.*

EMPLOI DE L'AORISTE SUBJONCTIF

L'aoriste subjonctif est très rarement employé sans une des particules qui le gouvernent *(Voy. p. 31)*. Parmi ces particules, les unes sont considérées comme gouvernant directement le subjonctif, les autres comme le gouvernant à cause de أَنْ, sous-entendue. Les premières sont : أَنْ, كَيْ et leurs composées (لِأَنْ, لِكَيْ, كَيْلَا, لِكَيْلَا), لَنْ et إِذَنْ ; ex. :

إِنِّي لَيَحْزُنُنِي أَنْ تَذْهَبُوا بِهِ وَأَخَافُ أَنْ يَأْكُلَهُ ٱلذِّئْبُ *Cela m'attriste que vous partiez avec lui (que vous l'emmeniez), et je crains qu'un loup ne le mange.*

أَنْ se trouve quelquefois suivi du prétérit, après les verbes qui signifient *ordonner, commander*.

أَتَيْتُكَ بِهِ كَيْ تُشْفِيَهُ *Je te l'ai amené pour que tu le guérisses.*

ذَهَبُوا بِهِ لِكَيْ لَا يَقْتُلَهُ ٱلْمَلِكُ *Ils l'emmenèrent pour que le roi ne le mît pas à mort.*

أَمَرَ أَلَّا تَعْبُدُوا إِلَّا إِيَّاهُ *Il vous a ordonné de n'adorer que lui.*

لَنْ أَبْرَحَ ٱلأَرْضَ حَتَّى يَأْذَنَ لِي أَبِي أَوْ يَحْكُمَ ٱللّٰهُ لِي *Je ne quitterai pas ce pays jusqu'à ce que mon père m'en ait donné l'autorisation, ou que Dieu ait décrété quelque chose pour moi.*

لَنْ أُرْسِلَهُ مَعَكُمْ حَتَّى تُؤْتُونِ مَوْثِقًا مِنَ ٱللّٰهِ *Je ne l'enverrai pas avec vous tant que vous n'aurez pas pris un engagement devant Dieu* (m. à m. : *tant que vous ne serez pas venu à moi avec...*)

لَنْ indique la négation absolue d'un fait à venir.

Pour que la particule إِذًا ou إِذَنْ gouverne le subjonctif, il faut que la proposition qui commence par elle soit la réponse à une proposition précédente ; que le verbe qu'elle gouverne exprime une idée future, et qu'elle soit placée immédiatement devant lui. Si, après la proposition صِرْتَ مُسْلِمًا *tu es devenu musulman,* j'ajoute celle-ci : إِذَنْ تَدْخُلَ ٱلْجَنَّةَ *alors, tu entreras dans le Paradis,* le verbe تدخل doit se mettre au subjonctif.

Voici des exemples pour les autres particules qui gouvernent le subjonctif :

لِنَصْرِفَ عَنْهُ ٱلسُّوءَ *Afin que nous écartions de lui le mal.*

ذٰلِكَ لِيَعْلَمَ أَنِّي لَمْ أَخُنْهُ *Cela, afin qu'il sache que je ne l'ai point trompé.*

لَا تُخَالِفْ أَمْرَ ٱلسُّلْطَانِ فَتُعَاقَبَ — *Ne désobéis pas à l'ordre du roi, car tu serais châtié.*

زُرْنِي وَأُكْرِمَكَ — *Rends-moi visite, en sorte que je te traite avec honneur.*

Pour que les particules فَ et وَ gouvernent le subjonctif, il faut que la proposition qui commence par elles soit la conséquence de la précédente.

يَقْتُلُكُمْ أَوْ تَتُوبُوا — *Il vous tuera, à moins que vous ne vous repentiez.*

Les verbes qui signifient *être sur le point de, manquer, faillir, être possible, pouvoir, désirer, vouloir, penser, falloir, convenir, craindre, ordonner, défendre* et autres, sont habituellement suivis de أَنْ avec le subjonctif, quoique quelques-uns s'emploient aussi avec l'aoriste indicatif. Souvent alors, cet aoriste subjonctif peut être traduit en français par un infinitif ; ex. :

كَادَ أَنْ يَغْرَقَ — *Il faillit se noyer.*

أَوْشَكَ أَنْ يَمُوتَ — *Il fut sur le point de mourir.*

عَسَى أَنْ يَنْفَعَنَا أَوْ نَتَّخِذَهُ وَلَدًا — *Peut-être nous sera-t-il utile, ou l'adopterons-nous.*

أَجْمَعُوا أَنْ يَجْعَلُوهُ فِي ٱلْجُبِّ — *Ils convinrent de le mettre dans le puits.*

أَمَرَهُ بِأَنْ يَبْحَثَ عَنِ ٱلْقَضِيَّةِ	*Il lui ordonna de faire des perquisitions sur l'affaire.*
أَمَرَ أَلَّا [أَنْ لَا] تَعْبُدُوا إِلَّا إِيَّاهُ	*Il ordonne que vous n'adoriez que lui.*
يَجِبُ أَنْ يَفْعَلَ ذٰلِكَ	*Il faut qu'il fasse cela.*

Remarques. — Les particules أَنْ et حَتَّى peuvent être suivies du prétérit. — Elles peuvent même être placées devant l'aoriste indicatif, lorsque la proposition qui commence par elles est simplement le complément de la précédente, sans aucun rapport de subordination [1]. On peut alors considérer أَنْ comme équivalent à أَنَّهُ, et حَتَّى peut être traduit par *au point que, de telle sorte que,* et l'indicatif. — On rencontre quelquefois après أَنْ l'impératif ou le discours direct.

EMPLOI DE L'AORISTE CONDITIONNEL ET DE L'IMPÉRATIF

Pour qu'un verbe puisse être lu à l'aoriste conditionnel, il faut qu'il soit précédé d'une particule gouvernant ce temps, ou sous la dépendance d'un autre verbe déjà au conditionnel, ou d'un impératif.

(1) Principalement avec les verbes qui signifient *penser, s'imaginer, douter.*

Parmi les particules du conditionnel, les unes n'ont d'influence que sur le premier verbe qui les suit, les autres sur les différents verbes de la proposition.

Les premières sont : لَمْ, لَمَّا et leurs composées (أَلَمْ, أَلَمَّا), لِـ et لَا (Voy. p. 32); ex. :

لَمْ يَلِدْ وَلَمْ يُولَدْ *Il n'a pas enfanté et n'a pas été enfanté.*

لَمَّا يَأْتِ *Il n'est pas encore venu.*

أَلَمْ أَقُلْ لَكُمْ *Ne vous ai-je pas dit... ?*

لَا تَقْتُلُوا يُوسُفَ وَأَلْقُوهُ فِي غَيَابَتِ ٱلْجُبِّ يَلْتَقِطْهُ بَعْضُ ٱلسَّيَّارَةِ

Ne tuez pas Joseph ; jetez-le au fond d'un puits : quelque voyageur le recueillera.

يَا بُنَيَّ لَا تَقْصُصْ رُؤْيَاكَ عَلَى إِخْوَتِكَ *Mon fils, ne raconte pas ton rêve à tes frères.*

لَا تَبْتَئِسْ بِمَا كَانُوا يَعْمَلُونَ *Ne te désespère pas à cause de ce qu'ils faisaient.*

لِيَعْلَمْ مَنْ وَقَفَ عَلَى هَذَا ٱلْكِتَابِ *Que sache celui qui aura connaissance de cet écrit* (m. à m. : *se tiendra debout sur...*).

Lorsque, devant l'aoriste conditionnel précédé de لَمْ, il y a la particule إِنْ ou une autre particule donnant au prétérit le sens du présent ou du futur, cette dernière donne au verbe, à l'aoriste conditionnel, le sens du présent ou du futur ; ex. :

إِنْ لَمْ يَفْعَلْ ذَلِكَ *S'il ne fait pas cela.*

إِنْ لَمْ تَأْتُونِي بِهِ *Si vous ne me l'amenez pas.*

(Voyez les particules qui donnent au passé le sens du présent, p. 26.)

Les autres particules du conditionnel qui peuvent influer sur les différents verbes de la proposition, sont : إِنْ, مَنْ, أَيٌّ et leurs composées ; مَا, مَهْمَا, مَتَى *dès que ;* أَيْنَ *où ;* أَيْنَمَا *partout où ;* أَنَّى *de quelque façon que ;* حَيْثُمَا *en quelque endroit que ;* كَيْفَمَا *de quelque façon que ;* ex. :

إِلَّا [إِنْ لَا] تَصْرِفْ عَنِّي كَيْدَهُنَّ أَصْبُ إِلَيْهِنَّ وَأَكُنْ مِنَ ٱلْجَاهِلِينَ

Si tu ne détournes pas de moi leurs embûches, je me laisserai aller vers elles et je serai du nombre des égarés.

إِنْ يَسْرِقْ فَقَدْ سَرَقَ أَخٌ لَهُ مِنْ قَبْلُ *S'il a volé, or un frère à lui a volé avant lui.*

مَهْمَا تَطْلُبْ تُرْزَقْهُ *Quelque chose que tu demandes, tu en seras gratifié.*

مَنْ يَتَّقِ وَيَصْبِرْ *Celui qui craint et patiente.*

أَيْنَمَا يَكُنْ أَتَوَجَّهْ إِلَيْهِ *En quelque lieu qu'il soit, je me rendrai auprès de lui.*

On a vu plus haut que l'impératif, au commencement d'une proposition, faisait mettre au conditionnel les autres verbes à l'aoriste de la même proposition. Voici d'autres exemples :

أُقْتُلُوا يُوسُفَ أَوِ اطْرَحُوهُ أَرْضًا يَخْلُ لَكُمْ وَجْهُ أَبِيكُمْ وَتَكُونُوا مِنْ بَعْدِهِ قَوْمًا صَالِحِينَ *Tuez Joseph ou jetez-le sur une terre, de façon à ce que soit isolé pour vous le visage de votre père (de façon à ce que votre père ne pense plus qu'à vous), et vous serez après lui (après la disparition de Joseph) des gens vertueux.*

أَرْسِلْهُ مَعَنَا غَدًا يَرْتَعْ وَيَلْعَبْ *Envoie-le demain avec nous ; il se distraira et jouera.*

AORISTES ÉNERGIQUES

Les aoristes énergiques servent à donner plus de force à l'idée exprimée par le verbe ; ex. :

لَئِنْ لَمْ يَفْعَلْ مَا آمُرُهُ لَيُسْجَنَنَّ وَلَيَكُونًا مِنَ الصَّاغِرِينَ *Certes, s'il ne fait pas ce que je lui ordonnerai, il sera emprisonné assurément (il ne manquera pas, il peut être sûr d'être emprisonné), et il sera du nombre des avilis.*

أَوْحَيْنَا إِلَيْهِ لَتُنَبِّئَنَّهُمْ بِأَمْرِهِمْ هٰذَا *Nous lui révélâmes ceci : tu leur rappelleras certainement un jour leur action, celle-là.*

On voit, par le premier de ces exemples, que l'aoriste énergique léger peut aussi s'écrire comme s'il était terminé par le tanouine ـًا : يَكُونًا pour يَكُونَنْ .

DU PASSIF

Lorsqu'on emploie le passif, dans la langue arabe, le mot qui marque par qui l'action est faite n'est pas exprimé. Aussi n'est-il pas possible de rendre une phrase renfermant un verbe passif construit avec la préposition *par*, suivie du mot qui indique celui qui a fait l'action. Il faut alors tourner par l'actif ; ex. :

L'enfant a été tué par cet homme, se traduira par : *Cet homme a tué l'enfant*, قَتَلَ هٰذَا ٱلرَّجُلُ ٱلْوَلَدَ .

Il n'est pas rare de rencontrer des verbes passifs suivis d'un complément au cas direct. C'est lorsque ces verbes gouvernent, à l'actif, deux compléments à ce cas ; ex. :

لَمْ يُرْزَقْ وَلَدًا *Il n'a pas été gratifié d'un enfant.* On dirait à l'actif : رَزَقَ ٱللّٰهُ ٱلْمَلِكَ وَلَدًا *Dieu a gratifié le roi d'un enfant.*

Très souvent, le passif peut être rendu par le pronom *on* ; ex. :

حُكِيَ *On a raconté.* قِيلَ *On a dit.* يُرْوَى *On rapporte.*

أُوتِيَ مُحَمَّدٌ كِتَابًا *On a donné* (m. à m. : *on est venu*) *à Mohammed un livre.*

غُضِبَ عَلَيْكُمْ *On s'est irrité contre vous.*

لَا يُظْلَمُونَ نَقِيرًا *On ne leur fera pas tort de la moindre des choses*, etc.

Le pronom *on* peut aussi être traduit par la troisième personne du pluriel ; ex. :

دَخَلُوا عِنْدَهُ *On entra chez lui.* زَعَمُوا *On a raconté.*

VERBES D'ADMIRATION

La IVe forme des verbes trilitères, précédée de la particule مَا *combien*, constitue une formule admirative dans laquelle le mot qui indique l'objet de l'admiration se met au cas direct. Les Arabes appellent les verbes ainsi construits أَفْعَالُ ٱلتَّعَجُّبِ *verbes d'admiration ;* ex. :

مَا أَكْرَمَ مُحَمَّدًا *Que Mohammed est généreux !*

مَا أَجْمَلَ بِنْتَكَ *Votre fille est très belle !*

Souvent, on peut expliquer le cas direct, dans ces formules, en sous-entendant le mot *Dieu*, et analyser de cette façon : *Combien (Dieu) a rendu généreux*

Mohammed ! D'autres fois, cette analyse n'est pas possible ; ex. :

يَا خَالِقَ ٱلسَّمٰوَاتِ وَٱلْأَرْضِ مَا أَعْظَمَ شَأْنَكَ وَمَا أَقْوَى سُلْطَانَكَ وَمَا أَحْسَنَ تَدْبِيرَكَ *O Créateur des cieux et de la terre, que ta position est élevée ! que ton pouvoir est étendu ! que ta manière de conduire les choses est belle !*

Il est évident que, dans cette phrase, le mot *Dieu* ne peut être sous-entendu.

La forme أَفْعِلْ, suivie de la préposition بِ, constitue une autre formule d'admiration ; ex. :

أَكْرِمْ بِٱلْمَلِكِ *Le roi est très généreux ; que le roi est généreux !*

VERBES DE LOUANGE ET DE BLAME

Ces verbes, appelés par les grammairiens arabes أَفْعَالُ ٱلْمَدْحِ وَٱلذَّمِّ, sont : نِعْمَ *être bon,* qu'on prononce aussi نَعِمَ , نِعِمْ , نَعْمَ ; et بِئْسَ *être mauvais*. On dit au féminin : نِعْمَتْ , بِئْسَتْ ; mais on emploie très rarement le duel نِعْمَا et le pluriel نِعْمُوا ; ex. :

نِعْمَ ٱلرَّجُلُ حَبِيبُكَ *Ton ami est un excellent homme;*

بِئْسَ ٱلْوَلَدُ وَلَدُ جَارِنَا *Quel méchant enfant que le fils de notre voisin !*

نِعْمَ مَا رَأَيْتَ *Quelle bonne idée vous avez eue !*

بِئْسَ مَا فَعَلْتَ *Quelle mauvaise action vous avez commise !*

Si le nom qui suit les verbes بِئْسَ et نِعْمَ est indéterminé, on peut le lire au cas direct, en le considérant comme un terme circonstanciel ; ex. :

بِئْسَ وَلَدًا وَلَدُ جَارِنَا *Quel mauvais enfant que le fils de notre voisin !* (M. à m. : *Il est mauvais comme enfant, l'enfant de notre voisin !)*

DE LA MANIÈRE DE TRADUIRE
LES DIFFÉRENTS TEMPS DU VERBE FRANÇAIS

Présent. — Le présent de l'indicatif peut se rendre par l'aoriste indicatif, ou le participe présent précédé d'un pronom personnel isolé, ou d'une particule du cas direct avec un pronom affixe ; ex. :

Je fais, أَفْعَلُ ou أَنَا فَاعِلٌ ou إِنِّي فَاعِلٌ.

Il se rend aussi par le prétérit, précédé de certaines particules. *(Voy. p. 26 et 155.)*

Imparfait. — Il se rend à l'aide de l'aoriste, précédé du prétérit du verbe كَانَ. S'il y a plusieurs verbes à l'imparfait dans la même phrase, le verbe كَانَ ne doit pas être répété ; ex. :

كَانَ يَأْتِي كُلَّ جُمْعَةٍ إِلَى ٱلْبَلَدِ وَيَدْخُلُ ٱلْمَسْجِدَ وَيَطْلُبُ مِنَ ٱللّٰهِ أَنْ يَنْصُرَ ٱلْمُسْلِمِينَ *Il venait chaque vendredi à la ville, se rendait à la mosquée et priait Dieu de secourir les musulmans.*

Si le verbe est accompagné d'une négation, on met la particule مَا devant كَانَ, ou لَمْ devant ce verbe à l'aoriste conditionnel. Il peut arriver que le verbe كَانَ, précédant son sujet, soit au singulier masculin, tandis que le verbe suivant est au pluriel ou au féminin ; ex. :

كَانَ فِي ذَلِكَ ٱلزَّمَانِ ٱلْمَرَاضِعُ يَقْدِمْنَ مِنَ ٱلْبَادِيَةِ *A cette époque, les nourrices venaient du dehors (du désert).*

L'imparfait se rend encore à l'aide du participe présent, précédé de كَانَ ; ex. :

Il dormait, كَانَ نَائِمًا.

Le verbe كَانَ n'est pas nécessaire pour donner à

l'aoriste le sens de l'imparfait, lorsqu'il y a un ou plusieurs verbes au prétérit avant cet aoriste ; ex. :

دَخَلَ فِي قَصْرِهِ فَوَجَدَهُ مَعَ أَصْحَابِهِ وَهُوَ يَضْحَكُ وَيَلْعَبُ *Il entra dans son palais et le trouva avec ses compagnons : il riait et s'amusait.*

Le verbe كَانَ est quelquefois sous-entendu devant un aoriste, que l'on est cependant obligé, à cause du sens général de la phrase, de traduire par l'imparfait.

Passés. — Les différents passés (passé défini, passé indéfini et passé antérieur) se rendent par le prétérit ; ex. :

Il vint chez lui lorsqu'il sut qu'il était malade,

جَآءَ عِنْدَهُ لَمَّا عَلِمَ بِأَنَّهُ مَرِيضٌ.

Il est venu chez lui parce qu'il a su qu'il était malade,

جَآءَ عِنْدَهُ لِأَنَّهُ عَلِمَ بِأَنَّهُ مَرِيضٌ.

Lorsqu'il eut appris qu'il était malade, il vint chez lui,

فَلَمَّا عَلِمَ بِأَنَّهُ مَرِيضٌ جَآءَ عِنْدَهُ.

Le passé avec négation peut se rendre par مَا et quelquefois لَا, suivis du prétérit, ou par لَمْ suivi de l'aoriste conditionnel ; ex. :

مَا زَالَ سَآئِرًا ou لَمْ يَزَلْ سَآئِرًا *Il ne cessa pas de marcher.*

Plus-que-parfait. — Le plus-que-parfait se rend par le prétérit précédé de كَانَ, et, s'il y a négation, de مَا كَانَ ou لَمْ يَكُنْ ; ex. :

كَانُوا إِخْوَةُ يُوسُفَ قَدْ قَالُوا لِأَبِيهِمْ *Les frères de Joseph avaient dit à leur père.*

لَمْ يَكُنْ رَأَى ٱلْمَلِكَ قَطّْ *Il n'avait jamais vu le roi.*

Le verbe كَانَ peut ne pas s'exprimer s'il y a déjà un verbe au prétérit au commencement de la phrase ; ex. :

عَزَمْتُ عَلَى ٱلسَّفَرِ وَقَدْ جَمَعْتُ بِضَاعَةً نَفِيسَةً *Je résolus de partir en voyage, et déjà j'avais réuni des marchandises précieuses.*

La particule لَوْ, placée devant le prétérit, donne à ce temps le sens du plus-que-parfait ; ex. :

لَوْ جَاءَ ٱلأَمْسِ لَأَعْطَيْتُهُ دِينَارًا *S'il était venu hier, je lui aurais donné un dinar.*

Futur. — Le futur s'exprime par l'aoriste, par le participe présent précédé d'un pronom personnel isolé ou d'une particule du cas direct suivie d'un pronom affixe, et par le prétérit accompagné de certaines particules *(Voy. p. 26 et 155)* ; ex. :

أَجْعَلُهُ *Je le placerai.*

إِنِّي جَاعِلٌ فِي ٱلأَرْضِ خَلِيفَةً *Je placerai sur la terre un lieutenant.*

أَنَا مُسَافِرٌ مَعَهُ *C'est moi qui voyagerai avec lui.*

La négation avec le futur se rend par لَا et l'aoriste ; ex. :

لَا يَعْرِفُهُ *Il ne le connaîtra pas.*

Futur passé. — Il se rend à l'aide de l'aoriste du verbe كَانَ et du prétérit du verbe. Souvent, ce prétérit est précédé de la particule قَدْ ; ex. :

يَكُونُ قَدْ أَتَمَّ قِرَاءَةَ ٱلْكِتَابِ لَمَّا يَجِيءُ عِنْدَكَ *Il aura achevé la lecture du livre lorsqu'il viendra chez toi.*

Impératif. — Il se forme de l'aoriste conditionnel. *(Voy. p. 33.)*

L'impératif avec négation se rend par لَا, suivi du conditionnel ; ex. :

لَا تَفْعَلْ ذَلِكَ *Ne fais pas cela !*

L'impératif, à la troisième personne du singulier ou du pluriel, se rend par l'aoriste conditionnel précédé de لِـ ; ex. :

لِيَأْتِ غَدًا *Qu'il vienne demain !*

Il en est de même de l'impératif à la première personne du pluriel, que l'on rend toutefois, préférablement, en employant une tournure telle que : *nous devons, il faut que, il est nécessaire que*, etc. ; ex. :

يَلْزِمُنَا أَنْ نَذْهَبَ إِلَيْهِ ou فَلْنَذْهَبْ إِلَيْهِ *Allons chez lui!*

Subjonctif. — Les temps du subjonctif se rendent à l'aide de l'aoriste subjonctif, accompagné des particules qui le gouvernent. Le sens du présent, du futur, du passé, etc., est indiqué par les propositions précédentes ; ex. :

يُرِيدُ أَنْ أُسَافِرَ غَدًا *Il veut que je parte en voyage demain.*

كَانَ يُرِيدُ أَنْ أُسَافِرَ مَعَهُ *Il voulait que je voyageasse avec lui.*

Conditionnel. — Le sens du conditionnel est marqué par la particule لَوْ *si*, qui se met au commencement de la proposition qui indique la supposition. Lorsque le verbe qui suit la particule لَوْ est à l'aoriste, celui de la seconde proposition devra être traduit par le conditionnel présent ou futur. Si لَوْ est suivi de كَانَ et d'un verbe au prétérit, celui de la seconde proposition devra être traduit par le conditionnel passé, et habituellement, dans ce cas, il est précédé de لَ *certes*. Si لَوْ est suivi du prétérit, sans le verbe كَانَ, on pourra, suivant le sens général de la phrase, traduire le verbe de la seconde proposition par le conditionnel présent ou passé. Le verbe كَانَ peut également se trouver sous-entendu après لَوْ ; ex. :

لَوْ تَنْزِلُ عِنْدَنَا نُكْرِمُكَ	*Si tu descendais chez nous, nous te traiterions avec générosité.*
لَوْ تَأْتِينَا فَتُحَدِّثُنَا	*Si tu venais chez nous, nous causerions.*
تَصَدَّقْ وَلَوْ بِرَغِيفٍ	*Fais l'aumône, ne serait-ce que d'une galette.*
لَوْ نَشَآءُ لَقُلْنَا مِثْلَ هٰذَا	*Si nous voulions, nous en dirions tout autant.*
يَوَدُّ أَحَدُهُمْ لَوْ يُعَمَّرُ أَلْفَ سَنَةٍ	*Tel d'entre eux voudrait vivre mille ans.*
لَوْ جَآءَنِي أَكْرَمْتُهُ	*S'il était venu à moi, je l'aurais traité généreusement.*
لَوْلَا ٱلْوَزِيرُ لَأَكْرَمْتُكَ	*Sans le vizir, je t'aurais traité généreusement.*
رَبِّ لَوْ شِئْتَ أَهْلَكْتَهُمْ	*O mon Dieu ! si tu l'avais voulu, tu les aurais fait périr !*
لَوِ ٱسْتَطَعْنَا لَخَرَجْنَا مَعَكُمْ	*Si nous l'avions pu, nous serions sortis avec vous.*

لَوْ كَانَ يَدْرِي مَا ٱلْمُحَاوَرَةُ ٱشْتَكَى وَلَكَانَ لَوْ عَلِمَ ٱلْكَلَامَ مُكَلِّمِي *S'il (mon cheval) avait pu m'adresser la parole, il se serait plaint ; et s'il avait connu l'usage du langage, il m'aurait parlé.*

Quelquefois, le sens du conditionnel est simplement indiqué par le verbe qui précède ; ex. :

صَنَعَ لَهُ كِسْوَةً تَصْلُحُ لِوَلَدِ مَلِكٍ *Il lui confectionna un vêtement qui aurait convenu à un fils de roi.*

Infinitif. — L'infinitif peut se rendre par l'aoriste indicatif *(Voy. p. 157)*, ou par l'aoriste subjonctif *(Voy. p. 160)*. Quelquefois, il peut être traduit par un nom d'action ; ex. :

تَرْكُ ٱلْوَالِدَيْنِ إِثْمٌ كَبِيرٌ *Abandonner ses parents est un crime énorme.*

إِنَّ ٱلِٱرْتِفَاعَ إِلَى ٱلْمَنْزِلَةِ ٱلشَّرِيفَةِ شَدِيدٌ *S'élever à une haute position est chose difficile.*

Le passé de l'infinitif peut se rendre de différentes manières, suivant le sens ; ex. :

لَمَّا فَعَلَ ذٰلِكَ ou حِينَ فَعَلَ ذٰلِكَ ou بَعْدَ أَنْ فَعَلَ ذٰلِكَ خَرَجَ *Après avoir fait cela, il sortit.*

لِأَنَّهُ فَعَلَ ذٰلِكَ ou عُوقِبَ لِفِعْلِهِ ذٰلِكَ *Il a été puni pour avoir fait cela.*

نَسَبَهُ إِلَى ٱلظُّلْمِ *Il l'accusa d'avoir été injuste.*

إِتَّهَمَهُ بِقَتْلِهِ *Il le soupçonna de l'avoir tué.*

كَأَنِّي سَمِعْتُ ou أَظُنُّ أَنِّي سَمِعْتُ صَوْتَهُ *Je crois avoir entendu sa voix.*

Voici encore quelques phrases renfermant en français des verbes à l'infinitif :

مَنْ قَنِعَ فَقَدِ ٱسْتَغْنَى *C'est une richesse d'être content de peu.*

إِنَّ ٱلْهَدْمَ أَهْوَنُ مِنَ ٱلْبِنَاءِ *Il est bien plus facile de détruire que d'édifier.*

هٰذَا وَقْتُ ou أَوَانُ ٱلْإِرْتِحَالِ *Il est temps de partir.*

عَزَمَ عَلَى ٱلسَّفَرِ *Il résolut de partir en voyage.*

هُوَ أَهْلٌ لِلْمُلْكِ *Il est digne de régner.*

يُحْسِنُ إِنْشَادَ ٱلْأَشْعَارِ *Il est habile à déclamer des vers.*

رُؤْيَتُهُ تُعْجِبُ *Admirable à voir (sa vue étonne).*

حَاضِرٌ ou مُهَيَّأٌ لِلسَّفَرِ *Prêt à partir.*

لَا بُدَّ مِنْ عَمَلِهِ *Cela est à faire.*

أَنَا أَتَكَلَّفُ بِفَصْلِ ٱلْقَضِيَّةِ *Je me charge de régler l'affaire.*

إِنَّ ٱلْمُسْلِمِينَ يُعْطُونَ أَوْلَادَهُمُ ٱلْقُرْآنَ لِيَتَعَلَّمُوهُ *Les musulmans donnent à leurs enfants le Coran à apprendre.*

لَوْ أَنْسَاهُ أَكُونُ كَنُودًا ou نَاكِرَ خَيْرِهِ	*L'oublier serait de l'ingratitude.*
فِيهِ خَوْفٌ ou ذَلِكَ يُخَافُ مِنْهُ	*Cela est à craindre.*

Participes. — On a vu *(p. 36)* comment on forme les participes. — Le participe présent, précédé de *en*, se traduit de plusieurs manières ; ex. :

لَمَّا نَظَرَنِي جَآءَ إِلَيَّ	*En m'apercevant, il vint à moi.*
خَرَجَ مِنْ عِنْدِهَا وَهُوَ يَصِيحُ	*Il sortit de chez elle en criant.*
قَالَ لِي وَهُوَ بَاكِي ٱلْعَيْنِ	*Il me dit en pleurant (pleurant d'œil).*
اِلْتَفَتَ إِلَيَّ وَهُوَ يَضْحَكُ	*Il se retourna vers moi en riant.*
مَنْ عَلَّمَ تَعَلَّمَ	*En enseignant, on s'instruit.*
تَعَلَّمْتُ ٱلنَّحْوَ بِقِرَآءَةِ ٱلْقُرْآنِ	*J'ai appris la grammaire en lisant le Coran.*
عِنْدَ دُخُولِهِ فِي ٱلْمَدِينَةِ رَأَى أَخَاهُ	*En entrant (à son entrée) dans la ville, il vit son frère.*
بَصُرْتُ بِهِ وَأَنَا عَابِرُ ٱلطَّرِيقِ	*Je le vis en passant sur la route.*
لَقِيتُهَا حِينَ ou لَمَّا خَرَجْتُ	*Je l'ai rencontrée en sortant.*

تَأْخُذُهُ وَقْتَ خُرُوجِكَ ou حِينَ تَخْرُجُ *Tu le prendras en sortant.*

إِذَا تَكَلَّمْتَ مَعَ ٱلسُّلْطَانِ كُنْ مُتَخَشِّعًا *En parlant au roi, soyez humble.*

Le participe passé actif se rend ordinairement par les mots لَمَّا, حِينَ *lorsque,* بَعْدَ أَنْ *après que,* ou par بَعْدَ suivi d'un nom d'action ou d'un substantif ; ex. :

بَعْدَ أَنْ قَالَ ذَلِكَ *Ayant dit cela.*

بَعْدَ ٱنْتِظَارِهِ إِيَّاهُ سَاعَةً طَوِيلَةً ٱنْطَلَقَ *L'ayant attendu longtemps, il partit* (m. à m. : *après son action d'attendre lui...*).

Souvent, on traduit par le prétérit, sans particule, le participe passé actif ; ex. :

إِنْصَرَفَ مِنْ دِمَشْقَ وَتَوَجَّهَ إِلَى بَغْدَادَ فَقُبِضَ عَلَيْهِ وَسُجِنَ *Ayant quitté Damas et s'étant rendu à Bagdad, il fut pris et emprisonné.*

Voici encore quelques exemples renfermant des participes en français :

إِنْ كَانَ ٱلْأَمْرُ كَمَا ذُكِرَ
حَيْثُ كَانَ ذَلِكَ كَذَلِكَ } *La chose étant ainsi.*

حِينَ كَانَ مُحَمَّدٌ قَاضِيًا *Mohammed étant cadi.*

بِعَوْنِ ٱللّٰهِ يَنْجَحُ ٱلأَمْرُ *Dieu aidant, l'affaire réussira.*

لَمَّا ٱنْحَصَرَتِ ٱلْمَدِينَةُ لَمْ يَسْتَطِعْ أَحَدٌ إِلَى ٱلْخُرُوجِ *La ville assiégée, personne ne put plus sortir.*

CHAPITRE XI

SYNTAXE DE LA DÉCLINAISON

Les noms, dans les phrases, remplissent quatre fonctions différentes : ils peuvent *servir à appeler*, ou être *sujets*, *attributs* ou *compléments*. Ceux-ci sont de quatre sortes : *complément direct*, *complément circonstanciel*, *complément d'une préposition* et *complément d'un nom*. Nous avons déjà vu *(p. 109)* à quel cas on doit mettre chacun de ces mots. Nous allons de nouveau examiner, avec quelques détails, l'emploi des trois cas de la langue arabe.

EMPLOI DU NOMINATIF

Le nominatif est le cas que l'on emploie lorsque le nom n'est sous l'influence d'aucun agent. Il ne sert donc qu'à exprimer le *sujet* ou l'*attribut* d'une proposition sans verbe (1), ou à adresser la parole ; ex. :

مُحَمَّدٌ مُسْلِمٌ *Mohammed est musulman.*

وَلَدُكَ كَرِيمٌ *Ton enfant est généreux.*

اَلْبِنْتُ حَسَنَةُ ٱلْوَجْهِ *La fille est belle de figure.*

هٰذَا ٱلرَّجُلُ لَيْثٌ *Cet homme est un lion.*

لَأَجْرُ ٱلْآخِرَةِ خَيْرٌ *La récompense de la vie future est préférable.*

لَيُوسُفُ وَأَخُوهُ أَحَبُّ إِلَى أَبِينَا مِنَّا *Joseph et son frère sont plus chers à notre père que nous.*

يُوسُفُ أَيُّهَا ٱلصِّدِّيقُ *Joseph ! ô toi qui es très véridique !*

يَا رَجُلُ *O homme !* (2)

---

(1) L'attribut est le mot qui exprime la manière d'être du sujet, ou, si l'on préfère, l'attribut est ce que l'on affirme du sujet. Il peut être représenté en arabe par un nom, un pronom, un adjectif, un participe ou même une proposition entière. Il est ordinairement indéterminé. Placé après le sujet, sans l'intermédiaire d'aucun verbe, il suffit pour former une proposition, et se met alors au nominatif ; ex. : الوَلَدُ مَرِيضٌ *l'enfant (est) malade.*

(2) Voyez (syntaxe des particules) l'influence qu'exerce يَا sur le nom qui la suit.

EMPLOI DU CAS DIRECT

Le complément direct d'un verbe se met au cas direct ; ex. :

أَرْسَلُوا وَارِدَهُمْ فَأَدْلَى دَلْوَهُ *Ils envoyèrent leur chercheur d'eau ; or il fit descendre son seau.*

غَلَّقَتِ ٱلْأَبْوَابَ *Elle ferma les portes.*

رَأَيْتُ ٱلرَّجُلَيْنِ *J'ai vu les deux hommes.*

أَدْخَلَتِ ٱلْمُسْلِمَاتِ *Elle introduisit les musulmanes.*

كَذَٰلِكَ نَجْزِي ٱلْمُحْسِنِينَ *C'est ainsi que nous récompensons ceux qui font le bien.*

L'*attribut* d'une proposition renfermant un verbe, et, par suite, tous les termes circonstanciels de *manière* et d'*état* (حَال), se mettent au cas direct ; ex. :

كَانَ أَخُوكَ مَرِيضًا *Ton frère était malade.*

أَصْبَحَ ٱلْمَلِكُ حَزِينًا *Le roi se trouva, au matin, attristé.*

جَآءَ ٱلْقَائِدُ رَاكِبًا *Le caïd est venu étant à cheval.*

رَكِبَ فَرَسَهُ مَسْرُوجًا *Il monta son cheval sellé.*

تَوَفَّنِي مُسْلِمًا *Fais-moi mourir musulman.*

دَخَلَ عِنْدَهُ حَزِينَ ٱلْقَلْبِ *Il entra chez lui triste de cœur (le cœur attristé).*

إِرْتَدَّ بَصِيرًا *Il fut rendu clairvoyant (il recouvra la vue).*

خَرُّوا لَهُ سُجَّدًا *Ils se prosternèrent devant lui (se prosternant).*

Les autres termes circonstanciels de *temps*, de *lieu*, de *moyen*, de *manière*, se mettent encore au cas direct. Il en est de même du terme spécificatif (تَمْيِيز), c'est-à-dire « du mot qui sert à préciser ce qu'il y a de vague dans la nature des objets » ; ex. :

أَرْسِلْهُ مَعَنَا غَدًا *Envoie-le demain avec nous.*

جَآؤُوا أَبَاهُمْ عِشَآءً *Ils vinrent vers leur père, le soir.*

لَبِثَ فِي ٱلسِّجْنِ بِضْعَ سِنِينَ *Il resta en prison une portion (un certain nombre) d'années.*

ٱسْتَبَقَا ٱلْبَابَ *Ils cherchèrent à se devancer vers la porte.*

يَسْقِي رَبَّهُ خَمْرًا *Il donne à son maître du vin à boire (il abreuve son maître de vin).*

خُذْ أَحَدَنَا مَكَانَهُ *Prends l'un de nous à sa place.*

دَخَلَ مَنْزِلَهُ *Il entra dans sa demeure.*

تَأْتِيهِمُ ٱلسَّاعَةُ بَغْتَةً *L'heure les surprendra à l'improviste.*

أَسَرُّوهُ بِضَاعَةً *Ils le cachèrent comme marchandise.*

تَزْرَعُونَ سَبْعَ سِنِينَ دَأَبًا *Vous sèmerez pendant sept ans, suivant la coutume.*

إِنَّا أَنْزَلْنَاهُ قُرْآنًا عَرَبِيًّا *Nous l'avons fait descendre, comme lecture, en langue arabe.*

قَدْ شَغَفَهَا حُبًّا *Il l'a rendue amoureuse en fait d'amour.*

طِبْ نَفْسًا وَقَرَّ عَيْنًا *Sois bon en fait d'âme et sois frais en fait d'œil,* pour dire : *Tranquillise-toi et réjouis-toi.*

Il y a certains verbes qui s'emploient avec deux compléments au cas direct, l'un étant complément direct, et l'autre pouvant être regardé, le plus souvent, comme un terme circonstanciel, ou comme étant sous l'influence d'une préposition sous-entendue ; ex. :

يَسْقِي رَبَّهُ خَمْرًا *Il abreuve son maître de vin.*

آتَتْ كُلَّ وَاحِدَةٍ مِنْهُنَّ سِكِّينًا *Elle donna à chacune d'elles un couteau.*

نَرْفَعُ دَرَجَاتٍ مَنْ نَشَآءُ *Nous élevons de degrés ceux que nous voulons.*

أَعْطَى ٱلرَّجُلَ دِرْهَمًا *Il a donné à l'homme un dirhem.*

أَعْطَاهُمْ إِيَّاهُمْ *Il les leur a donnés* (Voy. p. 125).

آتَيْنَاهُ حُكْمًا وَعِلْمًا *Nous lui avons donné (nous sommes venus à lui avec) la sagesse et la science.*

Il y a certaines particules qui exigent que le nom qui les suit se mette au cas direct. Il peut arriver alors, que le substantif qui est en réalité le sujet de la proposition soit à ce cas ; ex. :

إِنَّ ٱلشَّيْطَانَ لِلْإِنْسَانِ عَدُوٌّ مُبِينٌ *Le démon est pour l'homme un ennemi déclaré.*

إِنَّ رَبَّكَ عَلِيمٌ حَكِيمٌ *Ton Dieu est instruit et sage.*

قِيلَ أَنَّ ٱلْعَبْدَ كَنُودٌ *On dit que le serviteur est ingrat.*

إِنَّ ٱلنَّفْسَ لَأَمَّارَةٌ بِٱلسُّوءِ *L'âme est très ordonnant le mal (notre âme n^s pousse toujours à faire le mal).*

La phrase suivante renferme toutes les particules du cas direct :

يُرْوَى أَنَّ إِخْوَةَ يُوسُفَ قَالُوا إِنَّ أَبَانَا يُحِبُّ يُوسُفَ أَكْثَرَ مِنَّا لَيْتَهُ لَمْ يُرْزَقْ هٰذَا ٱلْغُلَامَ فَلَعَلَّهُ يَنْسَانَا كَأَنَّنَا لَسْنَا أَوْلَادَهُ لٰكِنَّ أَحَدَنَا يَقْتُلُ أَخَانَا لِأَنَّ ٱلْغَيْرَةَ أَخَذَتْنَا

On rapporte **que** *les frères de Joseph dirent :* **Certes,** *notre père aime Joseph plus que nous ;* **plût à Dieu** *qu'il n'eût pas été gratifié de cet enfant ;* **peut-être** *qu'il nous oubliera* **comme si** *nous n'étions pas ses fils.* **Mais** *l'un de nous tuera notre frère,* **car** *la jalousie s'est emparée de nous.*

Enfin, on met quelquefois au cas direct un mot qui exprime une exclamation ou qui sert à adresser la parole à quelqu'un ; ex. :

مَعَاذَ ٱللّٰهِ *Secours de Dieu !* pour dire : *A Dieu ne plaise !*

سُبْحَانَ ٱللّٰهِ *Majesté de Dieu ! Que la majesté de Dieu soit proclamée !*

فَاطِرَ ٱلسَّمٰوَاتِ وَٱلْأَرْضِ أَنْتَ وَلِيِّي *Créateur des cieux et de la terre, tu es mon patron !* (1)

---

(1) Voyez (syntaxe des particules) l'emploi de la particule لَا.

EMPLOI DU CAS INDIRECT

Le cas indirect est employé : 1° lorsque le nom est complément d'un autre nom. Ce complément détermine alors le mot précédent, qui ne peut pas prendre l'article. Les exceptions sont très rares ; ex. :

أَبْوَابُ ٱلْمَدِينَةِ *Les portes de la ville.*

إِخْوَةُ يُوسُفَ *Les frères de Joseph.*

بِكَلْبَيْ جَارِكَ *Avec les deux chiens de ton voisin.*

مُسْلِمُوا ٱلْبَصْرَةِ *Les musulmans de Bassora.*

C'est ce que l'on appelle ٱلْإِضَافَةُ, c'est-à-dire l'*annexion.*

Lorsqu'un mot sert de complément à deux ou plusieurs substantifs, on le place en arabe après le premier, et on accompagne les autres d'un pronom affixe du même genre et du même nombre que ce complément ; ex. :

Le fils et la fille de la reine sont entrés,
دَخَلَ ٱبْنُ ٱلْمَلِكَةِ وَبِنْتُهَا .

2° Lorsque le mot est complément d'une préposition (مَجْرُور) ; ex. :

قَالَ ٱلَّذِي ٱشْتَرَاهُ مِنْ مِصْرَ لِٱمْرَأَتِهِ *Celui de l'Égypte (l'Égyptien) qui l'acheta dit à sa femme.*

إِرْجِعْ إِلَى رَبِّكَ *Retourne auprès de ton maître !*

3° Lorsque le mot est sous l'influence d'une particule de serment; ex. :

بِاللّٰهِ عَلَيْكَ *Par Dieu sur toi!* c.-à-d. : *Je te le demande au nom de Dieu!*

وَحَيَاتِي *J'en jure par ma vie!*

تَاللّٰهِ *Par Dieu!*

Remarques. — On vient de voir que le *sujet* pouvait être lu au nominatif ou au cas direct, lorsqu'il est sous l'influence d'une particule exigeant ce cas. Le sujet peut être une proposition entière; ex. :

إِنِّي لَيَحْزُنُنِي أَنْ تَذْهَبُوا بِهِ *Certes moi m'attriste cela que vous partiez avec lui.*

Il est quelquefois sous-entendu :

قَالَ تَعَالَى *Dieu a dit (qu'Il soit exalté!)*

غُشِيَ عَلَيْهِ *Tout fut couvert sur lui,* c.-à-d. : *Il s'évanouit.*

L'attribut, qu'il ne faut pas confondre avec l'adjectif qualificatif, se met au nominatif ou au cas direct. Il est rare qu'il précède le sujet. — Le complément direct se place, le plus souvent, après le sujet. Il peut cependant se trouver avant le verbe. Il en est de même de tout mot sur lequel on veut appeler l'attention ; ex. :

مُوسَى ٱصْطَفَيْنَاهُ *Moïse, nous l'avons choisi.*

زَيْدٌ قَامَ وَلَدُهُ *Zaïd, son fils s'est levé,* pour : *Le fils de Zaïd s'est levé.*

Les compléments indirects et circonstanciels se placent après le complément direct. — Les noms en apposition, c'est-à-dire ceux qui viennent immédiatement après un substantif qu'ils qualifient, en quelque sorte, se mettent au même cas que ce substantif ; ex. :

دَخَلَ مُحَمَّدٌ أَخُوكَ *Mohammed, ton frère, est entré.*

رَأَيْتُ مُحَمَّدًا ٱلرَّسُولَ *J'ai vu Mohammed le prophète.*

مَرَرْتُ بِمُحَمَّدٍ ٱلتَّاجِرِ *J'ai rencontré Mohammed le commerçant.*

Nous avons vu dans quelles circonstances un nom est *déterminé*. Nous devons ajouter qu'il peut quelquefois être déterminé par un verbe ; ex. :

يَوْمَ خَرَجْتُ مِنَ ٱلْمَدِينَةِ *Le jour où je sortis de la ville.*

CHAPITRE XII

SYNTAXE DES ADJECTIFS, DE L'ARTICLE ET DES PRONOMS

ADJECTIFS

L'adjectif qualificatif se place toujours après le substantif auquel il se rapporte. — Il s'accorde avec lui en genre, en nombre et en cas. — Il prend l'article lorsque le substantif est déterminé ; ex. :

رَجُلٌ كَبِيرٌ	*Un homme grand.*
اِمْرَأَةٌ طَيِّبَةٌ	*Une femme bonne.*
أَوْلَادٌ كِبَارٌ	*Des enfants grands.*
البِنْتُ ٱلْحَسَنَةُ	*La jolie fille.*
أُخْتُكَ ٱلْكَبِيرَةُ	*Ta grande sœur.*

Lorsque le nom auquel se rapporte l'adjectif est un pluriel irrégulier ou un collectif n'exprimant pas des êtres raisonnables, l'adjectif se met au féminin singulier (1). Les adjectifs qui ont au pluriel la forme فِعَالٌ

(1) Voyez l'accord du verbe avec son sujet, p. 149.

s'emploient pour les deux genres. — Les mêmes règles sont applicables aux participes employés comme adjectifs ou attributs ; ex. :

كَانَ مَعَ ٱلْمَحَلَّةِ بِغَالٌ كَثِيرَةٌ *Il y avait avec la colonne expéditionnaire de nombreux mulets.*

شَرَوْهُ بِثَمَنٍ بَخْسٍ دَرَاهِمَ مَعْدُودَةٍ *Ils le vendirent à vil prix, pour quelques dirhems comptés.*

أُدْخُلُوا مِنْ أَبْوَابٍ مُتَفَرِّقَةٍ *Entrez par des portes séparées.*

أَرَى سَبْعَ بَقَرَاتٍ سِمَانٍ يَأْكُلُهُنَّ سَبْعٌ عِجَافٌ *Je vois sept vaches grasses que mangeaient sept vaches maigres.*

تَكُونُونَ مِنْ بَعْدِهِ قَوْمًا صَالِحِينَ *Vous serez ensuite des gens vertueux.*

Souvent, l'adjectif est suivi d'un substantif qui en est le complément. Il peut alors être considéré lui-même comme un vrai substantif, quoique, logiquement, il se rapporte au nom qu'il gouverne ; ex. :

رَجُلٌ أَصْفَرُ ٱللَّوْنِ *Un homme au teint pâle.*

طَوِيلُ ٱلْقَامَةِ *A la taille élancée.*

Toutes les règles qui précèdent s'appliquent aux participes. Ceux-ci, cependant, peuvent gouverner comme le verbe dont ils sont formés ; ex. :

إِنِّي جَاعِلٌ فِي ٱلْأَرْضِ خَلِيفَةً *Je suis plaçant sur la terre un lieutenant.*

Il faut remarquer aussi que les participes passés n'indiquent pas seulement une chose *faite,* mais encore une chose *faisable :*

لَا مَعْبُودَ سِوَاهُ *Il n'y a d'adorable que Lui* (*Dieu*).

NOM D'ACTION

Le nom d'action gouverne comme le verbe d'où il est tiré, c'est-à-dire qu'il se construit avec le cas direct ou avec la préposition que nécessite le verbe ; ex. :

فَعَلَ ذَلِكَ مِنْ غَيْرِ ٱكْتِرَاثٍ بِٱلْعَوَاقِبِ *Il a fait cela sans s'inquiéter des conséquences.*

بَعْدَ ٱلِاسْتِخْبَارِ عَنِ ٱلْقَضِيَّةِ *Après l'enquête sur l'affaire.*

Pour que le nom d'action gouverne le cas direct, il faut qu'il soit déterminé, soit par un pronom affixe, par l'article ou par un complément ; ex. :

ٱلْإِطْعَامُ ٱلْمَسَاكِينَ *L'action de nourrir les pauvres.*

إِطْعَامُكَ ٱلْمَسَاكِينَ *Ton action de nourrir les pauvres.*

إِطْعَامُ أَخِيكَ ٱلْمَسَاكِينَ *L'action de ton frère de nourrir les pauvres.*

Le nom d'action venant d'un verbe transitif se construit quelquefois avec la préposition لِ. Il en est de même des participes. Il peut aussi avoir, dans certains cas, le sens passif, et être employé avec des verbes à la voix passive.

COMPARATIF ET SUPERLATIF

Le comparatif et le superlatif se construisent, en général, avec la même particule que l'adjectif ou le verbe dont ils dérivent. Le *que* qui suit le comparatif se rend par مِنْ ; ex. :

هُوَ أَكْبَرُ مِنْهُ *Il est plus grand que lui.*

يُوسُفُ أَحَبُّ إِلَى أَبِينَا مِنَّا *Joseph est plus aimé de notre père que nous.*

اللّٰهُ أَعْلَمُ بِمَا تَصِفُونَ *Dieu est plus instruit (que personne) sur ce que vous décrivez (vous dites).*

Pour les adjectifs qui ont déjà la forme du comparatif, sans en avoir la signification, ou qui ne peuvent être employés à cette forme, on se sert d'un des comparatifs أَشَدُّ *plus intense,* أَقَلُّ *moindre,* أَكْثَرُ *plus nombreux,* etc., suivi d'un nom, mis au cas direct comme terme circonstanciel ; ex. :

هُوَ أَشَدُّ بَيَاضًا مِنْهُ *Il est plus blanc que lui.*

كَانَ أَشَدَّ مَرَضًا *Il était plus malade.*

كَانَ مَرِيضًا أَكْثَرَ مِنْهُ *Il était plus malade que lui.*

Souvent, l'idée du comparatif ou du superlatif est exprimée à l'aide des mots خَيْرٌ *meilleur, bien;* شَرٌّ *mauvais, plus mauvais, mal;* ex. :

إِنَّ ٱللّٰهَ خَيْرٌ وَلِيًّا *Dieu est le meilleur patron.*

أَنْتُمْ شَرٌّ مَكَانًا *Vous êtes dans une situation plus mauvaise.*

Suivi d'un complément au cas indirect, le comparatif doit être considéré comme substantif; ex. :

أَزْكَى ٱلتَّحِيَّةِ *le plus pur (ce qu'il y a de plus pur) de la vénération,* c'est-à-dire : *la vénération la plus pure.*

Les adjectifs au comparatif ou au superlatif restent au masculin singulier, lorsque leur complément est indéterminé; ex. : أَقْبَحُ رِجَالٍ *le plus méchant des hommes.* Lorsque leur complément est déterminé, ils peuvent rester au masculin singulier ou s'accorder en genre et en nombre avec le mot auquel ils se rapportent; ex. : قُبْحَى ٱلنِّسَآءِ ou أَقْبَحُ ٱلنِّسَآءِ *la plus méchante des femmes.* Employés sans complément, les adjectifs au comparatif doivent s'accorder en genre et en nombre avec le mot auquel ils se rapportent ; ex. : هُوَ ٱلأَقْبَحُ *il est le plus mauvais ;* هِيَ ٱلْقُبْحَى *elle est la plus mauvaise ;* هُمَا ٱلأَقْبَحَانِ *eux deux sont les plus mauvais ;* هُمْ ٱلأَقْبَحُونَ *ils sont les plus mauvais*, etc. Employés sans complément et suivis de la préposition مِنْ, ils conservent la forme du masculin singulier.

ARTICLE

L'article ٱلْ sert à déterminer le mot devant lequel il est placé ; ex. : ٱلْمَلِكُ *le roi ;* ٱلْمَعْرِفَةُ *la connaissance.*

Il se place devant les adjectifs, les participes et les substantifs employés comme noms propres, ou servant à désigner un objet connu : ٱلْفَضْلُ *Elfedl ;* ٱلصَّالِحُ *Salih ;* ٱلْعَبَّاسُ *Elabbas ;* ٱلنَّبِيُّ *le Prophète (Mohammed) ;* ٱلْقُرْآنُ *le Coran ;* ٱلْكِتَابُ *le Livre (le Coran).*

Il remplace quelquefois l'adjectif démonstratif *ce, cet, ces :* ٱلْيَوْمَ *aujourd'hui, ce jour ;* ٱللَّيْلَةَ *cette nuit.*

L'article est quelquefois employé en arabe là où un

adjectif possessif est nécessaire en français, et réciproquement, on emploie en arabe un pronom affixe lorsqu'il y a en français simplement l'article ; ex. :

ضَرَبَهُ عَلَى يَدِهِ *Il l'a frappé sur la main.*

قَدْ سَافَرَ وَٱلْقَلْبُ إِلَيْهِ مُشْتَاقٌ *Il est parti, et mon cœur soupire après lui.*

L'article se trouve très rarement placé devant un nom qui a un complément au cas indirect, ou qui est suivi d'un pronom affixe.

Très souvent, l'article, placé devant un adjectif ou un participe, tient lieu d'un pronom relatif. On pourrait même toujours considérer l'article, lorsqu'il n'est pas devant un substantif, comme remplaçant ce pronom ; ex. :

ٱللّٰهُ ٱلْمُسْتَعَانُ عَلَى مَا تَصِفُونَ équivaut à ٱلَّذِي يُسْتَعَانُ *Dieu est celui dont on doit implorer l'aide contre ce que vous dites.*

ٱلرَّجُلُ ٱلْمَحْكُومُ عَلَيْهِ équivaut à ٱلَّذِي حُكِمَ عَلَيْهِ *L'homme contre lequel le jugement a été rendu.*

ٱلْمَحْكُومُ لَهُ *Celui en faveur duquel le jugement a été rendu.*

ٱلْمُدَّعَى عَلَيْهِ *Celui contre lequel le procès a été intenté, le défendeur.*

ٱلْقَاتِلُونَهُ *Ceux qui l'ont tué,* etc.

On pourrait même analyser ٱلرَّجُلُ ٱلْمَرِيضُ de cette manière : ٱلرَّجُلُ ٱلَّذِي هُوَ مَرِيضٌ, etc.

PRONOMS ET ADJECTIFS DÉMONSTRATIFS

Pour l'accord des pronoms avec le nom auquel ils se rapportent, nous renverrons à l'accord de l'adjectif avec son substantif, et du verbe avec son sujet ; ex. :

ٱلرَّجُلُ هٰذَا — هٰذَا ٱلرَّجُلُ	*Cet homme, — cet homme-là.*
تِلْكَ ٱلْمَدِينَةُ	*Cette ville.*
هٰذِهِ ٱلْبِغَالُ	*Ces mulets.*
هٰذَانِ ٱلْغُلَامَانِ	*Ces deux jeunes gens.*
هٰؤُلَاءِ ٱلْمُسْلِمُونَ	*Ces musulmans.*
تِلْكَ آيَاتُ ٱلْكِتَابِ	*Tels sont les signes du Livre.*

Souvent, les pronoms démonstratifs, lorsqu'ils ne sont pas suivis de l'article, peuvent être traduits par *voici, voilà, tel est, c'est, ce sont, tels sont,* etc.

Les pronoms هٰذَا et ذٰلِكَ peuvent aussi être traduits par *ceci, cela.*

Dans le Coran, lorsqu'on parle à la seconde personne,

on donne quelquefois au pronom ذلك la terminaison des 2es personnes du pronom affixe, correspondant en genre et en nombre avec ceux de la personne à qui l'on parle : ذَلِكُمَا si l'on parle à deux personnes ; ذَلِكُمْ si l'on parle à des hommes ; ذَلِكُنَّ si l'on parle à des femmes. Cette terminaison ne change en rien la valeur du pronom.

PRONOMS ET ADJECTIFS CONJONCTIFS OU RELATIFS

Les pronoms relatifs se placent toujours après le mot auquel ils se rapportent, c'est-à-dire leur antécédent, et s'accordent avec lui en genre, en nombre et en cas (1) ; ex. :

اَلرَّجُلُ ٱلَّذِي جَآءَ	*L'homme qui est venu.*
اَلْمَرْأَةُ ٱلَّتِي رَأَتْنِي	*La femme qui m'a vu.*
اَلْوَزِيرَانِ ٱلَّذَانِ كَانَا عِنْدَ ٱلْمَلِكِ	*Les deux vizirs qui étaient chez le roi.*
مَعَ ٱلْبِنْتَيْنِ ٱلَّتَيْنِ كَانَتَا مَرِيضَتَيْنِ	*Avec les deux filles qui étaient malades.*
اَلْكُتُبُ ٱلَّتِي كَانَتْ فِي ٱلدَّارِ	*Les livres qui étaient dans la maison,* etc.

---

(1) Voir le premier paragraphe de l'article précédent.

Lorsque le pronom relatif est complément direct (*que*), on ajoute après le verbe un pronom affixe s'accordant avec l'antécédent ; quelquefois, cependant, ce pronom affixe est omis ; ex. :

الْوَلَدُ ٱلَّذِي رَأَيْتُهُ	*L'enfant que j'ai vu.*
الْبِغَالُ ٱلَّتِي ٱشْتَرَيْتُهَا	*Les mulets que j'ai achetés.*
الْبِنْتَانِ ٱللَّتَانِ ضَرَبَهُمَا	*Les deux filles qu'il a frappées.*
الْمُؤْمِنُونَ ٱلَّذِينَ قَتَلَهُمْ	*Les croyants qu'il a tués.*
الْمُسْلِمَاتُ ٱللَّاتِي عَرَفَهُنَّ	*Les musulmanes qu'il a connues.*

Lorsque le pronom relatif est complément indirect (*avec lequel, sur lequel, dans lequel, dont,* etc.), on ajoute, après la préposition ou le substantif qui sont placés à la suite du verbe, un pronom affixe s'accordant avec l'antécédent ; il est rare que ce pronom ne soit pas exprimé ; ex. :

الْقَلَمُ ٱلَّذِي كَتَبَ بِهِ	*La plume avec laquelle il a écrit.*
السُّلْطَانُ ٱلَّذِي خَرَجَ مَعَهُ	*Le roi avec lequel il est sorti.*
الْفَرَسُ ٱلَّذِي رَكِبَ عَلَيْهِ	*Le cheval sur lequel il est monté.*

اَلْمَدِينَةُ ٱلَّتِي دَخَلْنَا فِيهَا	*La ville dans laquelle nous entrâmes.*
ذَٰلِكُنَّ ٱلَّذِي لُمْتُنَّنِي فِيهِ	*Voilà celui au sujet duquel vous m'avez blâmée.*
رَاوَدَتْهُ ٱلَّتِي هُوَ فِي بَيْتِهَا	*Celle dans la maison de laquelle il se trouvait le sollicita.*
اَلْبِنْتُ ٱلَّتِي كَانَ أَبُوهَا وَزِيرًا	*La fille dont le père était vizir.*
اَلدِّيَارُ ٱلَّتِي أَبْوَابُهَا مَفْتُوحَةٌ	*Les maisons dont les portes sont ouvertes*, etc.

Les pronoms relatifs ٱلَّذِي, ٱلَّتِي, etc., doivent toujours se rapporter à un mot déterminé. Si l'antécédent est indéterminé, on n'exprime pas les pronoms relatifs, mais la tournure reste la même ; ex. :

رَجُلٌ أَبُوهُ مَرِيضٌ	*Un homme dont le père est malade.*
بِرُمْحٍ كَانَ بِيَدِهِ	*Avec une lance qu'il avait à la main.*

Les pronoms ٱلَّذِي, ٱلَّتِي, ٱلَّذِينَ, peuvent ne pas avoir d'antécédent ; ex. :

إِنَّ ٱلَّذِينَ آمَنُوا *Ceux qui croient.*

La même construction a lieu avec les pronoms مَنْ et مَا. Le premier s'emploie ordinairement pour désigner des êtres raisonnables, et le second des êtres non raisonnables. Ils sont, cependant, mis quelquefois l'un pour l'autre ; ex. :

مَنْ وُجِدَ الصَّوَاعُ فِي رَحْلِهِ *Celui dans la charge duquel la coupe sera trouvée.*

مَا حَصَدتُّمْ فَذَرُوهُ فِي سُنْبُلِهِ *Ce que vous moissonnerez, laissez-le dans les épis.*

On a vu *(p. 195)* que l'article est souvent mis pour le pronom relatif.

Pour traduire le pronom *quelqu'un,* on peut se servir du mot أَحَدٌ ou وَاحِدٌ *un ;* ex. :

قَالَ وَاحِدٌ مِنْهُمْ ou قَالَ أَحَدُهُمْ ou قَالَ أَحَدٌ *Quelqu'un a dit.*

On peut aussi employer le participe présent du verbe qui a pour sujet *quelqu'un ;* ex. :

قَالَ قَائِلٌ *Quelqu'un a dit* (m. à m. : *un disant a dit).*

أَذَّنَ مُؤَذِّنٌ *Quelqu'un se mit à crier.*

شَهِدَ شَاهِدٌ مِنْ أَهْلِهَا *Quelqu'un de sa famille témoigna.*

Pour traduire le mot *personne*, on se sert également du mot أَحَدٌ ; ex. :

مَا رَأَيْتُ أَحَدًا *Je n'ai vu personne.*

مَا ضَرَبَنِي أَحَدٌ *Personne ne m'a frappé.*

PRONOMS PERSONNELS ISOLÉS

Les pronoms personnels isolés sont ordinairement sujets ; ex. :

نَحْنُ نَقُصُّ عَلَيْكَ أَحْسَنَ ٱلْقَصَصِ *Nous te raconterons la plus belle histoire.*

أَنْتَ قَتَلْتَ أَخِي *C'est toi qui as tué mon frère.*

اَلْوَلَدُ ٱلَّذِي هُوَ مَرِيضٌ *L'enfant qui est malade.*

أَنَا هُوَ ٱبْنُ أَخِيكَ *C'est moi qui suis ton neveu.*

إِنِّي أَنَا أَخُوكَ *C'est moi qui suis ton frère.*

Les pronoms personnels isolés se rencontrent quelquefois après un pronom affixe, complément direct ou indirect, qu'ils corroborent ; ex. :

ضَرَبْتُهُ هُوَ *Je l'ai frappé, lui.*

كَانَ مَعَكُمْ أَنْتُمْ *Il était avec vous, vous autres.*

Si l'on a à exprimer plusieurs pronoms personnels de différentes personnes, celui de la première personne se met avant celui de la seconde, celui-ci avant le pronom de la troisième personne.

PRONOMS AFFIXES

Les pronoms affixes sont ordinairement compléments directs ou indirects, à moins qu'ils n'accompagnent une particule du cas direct, car ils peuvent être, dans ce cas, considérés comme sujets logiques. Ils s'accordent en genre et en nombre avec le mot auquel ils se rapportent, à moins que ce ne soit un collectif ou un pluriel irrégulier, car alors ils se mettent au féminin singulier [1]; ex. :

أَخُو ٱلْمُسْلِمِينَ وَأُخْتُهُمْ *Le frère des musulmans et leur sœur.*

أَبْوَابُ ٱلْقَصْرِ وَمَفَاتِيحُهَا *Les portes du palais et leurs clés.*

On a vu *(p. 125)* qu'un verbe pouvait être accompagné de deux pronoms affixes, lorsqu'ils ne sont pas de la même personne ; ex. : أَعْطَانِيهَا *il me l'a donnée.* S'ils sont de la même personne, on se sert, pour appuyer

---

(1) Voyez plus haut l'accord des pronoms et des adjectifs avec les mots auxquels ils se rapportent.

l'un des pronoms, du mot إِيَّا ; ex. : أَعْطَاهُ إِيَّاهُ *il le lui a donné*. Ce mot إِيَّا, avec un pronom affixe, est encore employé lorsqu'on veut insister sur le pronom ; ex. : ضَرَبَنِي إِيَّايَ *il m'a frappé, moi ;* إِيَّاكَ نَعْبُدُ *c'est toi que nous adorons !*

Il faut remarquer que lorsque les particules du cas direct n'ont pas de complément, on les fait suivre du pronom affixe هُ, qui est appelé, dans ce cas, ضَمِيرُ الشَّانِ ; ex. :

إِنَّهُ لَا يُفْلِحُ ٱلظَّالِمُونَ *Les coupables ne prospèrent pas.*

Pour traduire les pronoms possessifs *le mien, la mienne, les miens,* etc., on répète le substantif, que l'on accompagne des pronoms affixes ; ex. :

هَٰذِهِ ٱلدَّارُ دَارِي *Cette maison est la mienne.*

Pour traduire les pronoms *même, moi-même, toi-même,* etc., on se sert de l'un des mots رُوحٌ , نَفْسٌ *âme, personne ;* ذَاتٌ *essence, personne ;* عَيْنٌ *œil,* suivis des pronoms affixes ; ex. :

جَآءَ نَفْسُهُ *Il est venu lui-même.*

وَقَفَ عَلَى عَيْنِ ٱلْجَنَّةِ *Il s'arrêta sur l'emplacement même du jardin.*

Pour traduire les pronoms *me, te, se*, etc., accompagnant un verbe réfléchi, on emploie les Ve, VIIe ou VIIIe formes, ou les mots نَفْس, رُوح après le verbe; ex. :

رَمَى نَفْسَهُ عَلَيْهِ ou ٱرْتَمَى عَلَيْهِ *Il se jeta sur lui.*

فَلَمَّا رَأَى نَفْسَهُ فِى ٱلْهَلَاك *Lorsqu'il se vit dans le péril.*

CHAPITRE XIII

SYNTAXE DES PARTICULES

PRÉPOSITIONS

Nous ne croyons pas devoir nous étendre sur la syntaxe des prépositions. Nous nous contenterons d'indiquer sommairement le rôle des principales, et de signaler les idiotismes les plus fréquents auxquels elles donnent naissance. *(Voy. p. 125.)*

بِ = indique l'*instrument*, la *cause*, le *prix*, le *moyen*, le *lieu*, le *temps*; ex. : ضَرَبَهُ بِسَيْفٍ *il l'a frappé avec un sabre*; بِٱلْقَهْرِ *avec la force, de force*; إِشْتَرَاهُ بِدِرْهَمٍ *il l'a acheté moyennant un dirhem*; مَاتَ بِمَكَّةَ *il est mort à La Mecque ;* يَأْخُذُهُ بِٱلشَّهْرِ *il le prend par mois.* — Cette préposition se construit avec un grand nombre de verbes. Elle entre dans la construction de certaines locutions prépositives ou adverbiales, telles que بِغَيْرِ *sans,* بِوَاسِطَةِ *par l'intermédiaire de,* بِقَدْرِ *suivant la quantité de,* etc. — Elle s'emploie aussi devant l'attribut du verbe لَيْسَ : لَيْسَ أَخُوكَ بِعَالِمٍ *ton frère n'est pas instruit.*

= لِ indique le *complément indirect* rendu ordinairement en français à l'aide de la préposition *à;* elle marque la *possession,* l'*appartenance,* le *but,* la *cause;* ex. : كَتَبَ لَهُ *il lui a écrit;* أَخٌ لَهُ *un frère à lui;* لِلتَّنَزُّهِ *pour se distraire;* لِأَيِّ شَيْءٍ ou لِأَيِّ سَبَبٍ ou لِمَاذَا *pourquoi...? pour quelle raison...?* أَشْعَارٌ لِلْمُتَنَبِّي *des vers composés par Motanebbi.* — IDIOTISMES : هَلْ لَكَ أَنْ *voudrais-tu...? te serait-il agréable de...?* مَا لَهُ لَا *qu'a-t-il à ne pas...?* مَاتَ لِوَقْتِهِ *il mourut sur-le-champ* (Voy. عَلَى).

= مِنْ indique la *provenance,* le *point de départ,* le *temps,* la *matière* dont un objet est composé, la *cause,* etc. ; ex. : أَتَى بِهِ مِنَ ٱلْمَدِينَةِ *il l'a amené de la ville;* خَرَجَ مِنْ مِصْرَ *il sortit du Caire;* سَافَرَ مِنَ ٱلْغَدِ *il se mit en voyage dès le lendemain;* ثَوْبٌ مِنْ حَرِيرٍ *un vêtement de soie;* تَعَجَّبُوا مِنْ حُسْنِهِ *ils s'émerveillèrent de sa beauté.* — Cette préposition entre dans la composition de locutions prépositives et adverbiales; ex. : مِنْ بَعْدِ ذٰلِكَ *après cela;* مِنْ بَعْدُ *ensuite.* Elle se construit avec beaucoup de verbes. — IDIOTISMES : يَا لَكَ مِنْ فَرَسٍ *quel excellent coursier!* لِلّٰهِ دَرُّكَ مِنْ شَاعِرٍ *quel excellent poète tu es!* (m. à m. : *à Dieu l'abondance de ton lait en fait de poète!)* لَا بُدَّ مِنْ *il faut absolument que..., vous ne pouvez vous dispenser de...* (m. à m. : *pas de dispense).*

= إِلَى indique la *direction vers,* le *but,* le *temps;* ex. : تَوَجَّهَ إِلَيْهِ *il se dirigea vers lui;* أَحْسَنَ إِلَيْهِ *il fut bienveillant envers lui;* إِلَى ٱلْآنِ *jusqu'à ce moment.*

= عَلَى indique l'idée de *supériorité, d'autorité,* de *commandement,* de *motif,* etc.; ex. : طَلَعَ عَلَيْهِ *il monta sur lui, il l'examina;* خَرَجَ عَلَيْهِمْ *il sortit contre eux, il les attaqua;* عَلَى لِسَانِكَ *par ton intermédiaire (par ta langue), en ton nom.* La préposition عَلَى indique souvent le contraire de la préposition لِ; celle-ci signifie alors *en faveur de,* l'autre *contre;* ex. : حَكَمَ لَهُ *il a rendu un jugement en sa faveur;* حَكَمَ عَلَيْهِ *il a rendu un jugement contre lui;* دَعَا لَهُ *il l'a béni (il a appelé les bénédictions de Dieu en sa faveur);* دَعَا عَلَيْهِ *il l'a maudit;* لِي عَلَيْكَ دَيْنٌ *vous me devez de l'argent (en ma faveur, à ta charge, une dette);* لَكَ عَلَيَّ دَيْنٌ *je vous dois de l'argent;* on dit de même : لَهُ بِذِمَّةِ أَخِيهِ خَمْسُونَ فرانك *son frère lui doit 50 francs.* — IDIOTISMES : عَلَيَّ بِٱلْغُلَامِ *qu'on m'amène le jeune homme!* عَلَيْكَ أَنْ تُخْبِرَهُ *c'est à toi de l'informer;* عَلَى الرَّأْسِ وَٱلْعَيْنِ *volontiers!* (m. à m.: *sur la tête et l'œil);* عَلَى صِغَرِ سِنِّهِ *malgré son jeune âge;* عَلَى يَدِكَ *entre ta main, en ton pouvoir, par ton intermédiaire;* عَلَى قَوْلِهِ *d'après ce qu'il dit.*

= عَنْ indique la *séparation, l'éloignement,* la *provenance,* le *point de départ.* Cette préposition s'emploie avec les verbes qui signifient *s'enquérir, s'informer, demander, ôter, s'éloigner, découvrir, renoncer, remplacer,* etc.; ex. : غَابَ عَنْهُ *il resta absent loin de lui;* رُوِيَ عَنْهُ *on rapporte comme venant de lui;* نَزَلَ عَنْ بَغْلَتِهِ *il descendit de dessus sa mule;* اسْتَخْبَرَ عَنْهُ *il s'informa de lui;* سَأَلَ عَنْهُ *il demanda de ses nouvelles;*

أَضْرَبَ عَنْ ذَلِكَ *il renonça à cela.* Après les verbes qui ont le sens de *mourir,* cette préposition signifie *laissant pour héritier,* ou simplement *laissant ;* ex. : مَاتَ عَنْ وَلَدٍ *il est mort laissant un enfant ;* تُوُفِّيَتْ عَنْ زَوْجِهَا *elle est morte laissant son mari pour héritier.* — IDIOTISMES : عَنْ قَرِيبٍ *sous peu ;* أَمَرَ بِقَتْلِهِمْ عَنْ آخِرِهِمْ *il les fit tuer jusqu'au dernier ;* تَبَسَّمَتْ عَنْ لُؤْلُؤٍ *elle sourit en faisant voir des dents comme des perles ;* مَا يُغْنِي ذَلِكَ عَنْهُ شَيْئًا *cela ne servira de rien.*

= فِي signifie *en, dans, parmi, au milieu de, par rapport à, sur, touchant, pour.*

= حَتَّى, signifiant *jusqu'à* et indiquant le terme où l'on est arrivé, veut le nom qui la suit au cas indirect ; ex. : حَتَّى مَطْلَعِ ٱلْفَجْرِ *jusqu'au lever de l'aurore ;* بَدَا لَهُمْ لَيَسْجُنُنَّهُ حَتَّى حِينٍ *il leur parut bon de l'emprisonner jusqu'à un moment (pendant un certain temps).* Signifiant *même, aussi,* cette préposition n'a aucune influence sur le mot qui la suit et qui se met au cas qu'exige sa fonction dans la phrase ; ex. : أَكَلْتُ ٱلسَّمَكَةَ حَتَّى رَأْسَهَا *j'ai mangé le poisson et même sa tête.*

= مَعَ signifie *avec, en compagnie de, malgré, nonobstant*; ex. : خَرَجَ مَعَهُ *il sortit avec lui*; أَتَى مَعَهُ *il vint avec lui*; مَعَ كَوْنِهِ عَالِمًا *bien qu'il soit instruit*; مَعَ ذَلِكَ *cependant, malgré cela*; مَعَ أَنَّ *quoique, bien que*.

(Voyez, pour les mots employés comme prépositions, ce qui a été dit page 126.)

ADVERBES

Nous avons déjà parlé de certains adverbes en traitant de la conjugaison et de la déclinaison.

Les autres adverbes dont la syntaxe offre quelque particularité, sont :

= لَا, qui peut être suivi du cas direct ou du nominatif. Il est suivi du cas direct, sans tanouïne, lorsqu'il nie l'*existence d'une chose en général*; ex. : لَا رَجُلَ فِي ٱلدَّارِ *il n'y a pas d'homme dans la maison*; لَا إِلَهَ إِلَّا ٱللَّهُ *il n'y a pas d'autre Dieu que Dieu*. Le qualificatif du mot qui est sous l'influence de لَا peut se mettre également au cas direct, déterminé ou indéterminé, ou au nominatif; ex. : لَا رَجُلَ عَاقِلَ ou عَاقِلًا ou عَاقِلٌ عِنْدَكَ *il n'y a pas d'homme sage chez toi*. — Lorsque le nom qui suit لَا a un complément quelconque, il se met au cas direct; son qualificatif, s'il en a un, peut se mettre au nominatif ou au cas direct; ex.: لَا وَلَدَ جَارٍ عِنْدَنَا *nous n'avons aucun enfant de voisin chez nous;* لَا رَاكِبًا فَرَسًا دَخَلَ *aucun homme monté sur un cheval n'est entré.* Lorsque لَا est répété, on peut mettre les noms qui le suivent au nominatif ou au cas direct; ex.: لَا حَوْلَ وَلَا قُوَّةَ إِلَّا بِٱللّٰهِ *il n'y a de puissance et de force qu'en Dieu.* On peut dire aussi لَا حَوْلٌ وَلَا قُوَّةٌ, et même لَا حَوْلَ وَلَا قُوَّةٌ, لَا حَوْلَ وَلَا قُوَّةً, etc. — L'attribut d'une proposition renfermant la négation لَا se met au cas direct, lorsqu'elle a le sens لَيْسَ; ex.: لَا رَجُلَ عَاقِلًا *il n'est pas d'homme sage.* — LOCUTIONS RENFERMANT لَا : لَا بَأْسَ *pas de mal, ce ne sera rien;* لَا مَحَالَةَ *sans aucun doute, assurément;* لَا سِيَّمَا *surtout, principalement;* لَا بُدَّ *il faut,* etc.

= L'adverbe négatif مَا, qui peut se trouver suivi d'un attribut au cas direct, lorsqu'il a le sens de لَيْسَ; ex.: مَا هٰذَا بَشَرًا *ce n'est pas là un être humain.* L'attribut peut être aussi précédé de la préposition بِ; ex.: مَا هُوَ بِمُؤْمِنٍ *il ne croira pas.* Ce mot a encore diverses acceptions; il signifie *tant que;* ex.: مَا دَامَ مَرِيضًا *tant qu'il sera malade ; — combien ;* ex. : مَا أَكْرَمَهُ *combien il est généreux ! — quoi... ?* ex. : مَا ذَا تُرِيدُ *que désires-tu ? — ce que ;* ex. : هَذَا مَا قَالَ *voilà ce qu'il a dit.* — Il entre dans la composition de certains mots, tels que : كُلَّمَا *toutes les fois que ;* قَبْلَ مَا *avant que ;* بَعْدَ مَا *après que ;* عِنْدَ مَا *dès que ;* بَيْنَمَا *tandis que ;* طَالَمَا *aussi longtemps que ;* قَلَّ مَا *il y a peu de chances pour que,* etc.

= L'adverbe قَدْ, que nous avons vu employé devant le prétérit, peut se trouver devant un substantif ou un pronom au cas direct ou indirect. Il a alors le sens de *il suffit ;* ex. :

قَدْنِي دِرْهَمٌ ou قَدْ مُحَمَّدٍ دِرْهَمٌ ou قَدْ مُحَمَّدًا دِرْهَمٌ *un dirhem me suffit, suffit à Mohammed.*

DES CONJONCTIONS

= La conjonction فَ sert à séparer les différentes propositions et les phrases ; la conjonction وَ établit une liaison entre les diverses parties d'une proposition ; ex. :

جَآءَتْ سَيَّارَةٌ فَأَرْسَلُوا وَارِدَهُمْ فَأَدْلَى دَلْوَهُ قَالَ يَا بُشْرَى هَذَا غُلَامٌ وَأَسَرُّوهُ بِضَاعَةً *Des voyageurs arrivèrent ; ils envoyèrent celui parmi eux qui était chargé de procurer de l'eau. Il fit descendre le seau (dans le puits) : « Quelle bonne nouvelle ! s'écria-t-il, voilà un jeune enfant. » Et ils le cachèrent pour le vendre (comme marchandise).*

Dans une énumération, la conjonction وَ se répète devant chaque nom. Elle peut être quelquefois suivie du cas direct, mais alors elle a le sens de *avec, en même temps que ;* ex. :

خَرَجَ ٱلْأَمِيرُ وَٱلْجُنُودَ *Le général est sorti avec les troupes.*

سِرْتُ وَالطَّرِيقَ *J'ai marché (avec) en suivant le chemin.*

قُمْتُ وَزَيْدًا *Je me suis levé en même temps que Zaïd.*

Les conjonctions فَ et وَ peuvent être précédées de l'interrogation أَ : أَفَ, أَوَ.

= إِمَّا, répété, signifie *soit..., soit... ;* souvent on ne répète pas le mot, et l'on met la conjonction أَوْ dans le second membre ; ex. :

خُذْ إِحْدَاهُمَا إِمَّا ٱلْكَبِيرَةَ وَإِمَّا ٱلصَّغِيرَةَ ou أَوِ ٱلصَّغِيرَةَ *Prends l'une d'elles, la grande ou la petite, soit la grande, soit la petite.*

= La conjonction بَلْ est souvent employée pour revenir sur ce qui vient d'être dit, pour indiquer que l'on a employé un mot impropre ou une expression pour une autre; ex. :

تَزَوَّجَ بِٱبْنَةِ جَارِهِ بَلْ عَمِّهِ *Il a épousé la fille de son voisin, nous voulons dire de son oncle.*

On peut aussi traduire بَلْ, dans certains cas, par *loin de, non seulement..., mais encore;* ex. :

مَا رَضِيَ بِذٰلِكَ بَلْ أَمَرَ بِسَجْنِهِ *Loin de consentir à cela, il le fit emprisonner; non seulement il ne consentit pas à cela, mais encore il le fit emprisonner.*

= Après la conjonction إِلَّا (إِنْ لَا), on met le nom à l'accusatif, à moins que la proposition ne soit négative, car alors ce nom peut aussi être mis au nominatif; ex.:

خَرَجَتِ ٱلْأَوْلَادُ إِلَّا مُحَمَّدًا *Les enfants sont sortis, sauf Mohammed.*

مَا خَرَجَ أَحَدٌ إِلَّا مُحَمَّدٌ ou مُحَمَّدًا *Personne n'est sorti, si ce n'est Mohammed.*

Si le mot qui suit إِلَّا est accompagné d'une préposition, il se met nécessairement au cas indirect; s'il fait partie d'une nouvelle proposition, il doit se mettre au cas qu'exige sa fonction.

DES INTERJECTIONS

= Après أَيُّهَا, fém. أَيَّتُهَا, on met le nom au nominatif; ex. :

أَيُّهَا الرَّجُلُ *O homme !* أَيَّتُهَا النَّفْسُ *O âme !*

= Le nom qui est sous l'influence de la particule يَا se met au cas direct : 1° s'il est déterminé par un complément; 2° s'il est indéterminé et ne s'applique pas à un objet ou un être particulier. — Dans les autres cas, il se met au nominatif, sans tanouïne; ex. : يَا عَبْدَ ٱللَّهِ *ô Abdallah !* يَا رَجُلًا *ô homme !* (sans désigner un homme plutôt qu'un autre); يَا رَجُلُ *ô homme !* (qui es près de moi, qui m'entends); يَا رَاكِبًا ٱلْبَحْرَ *ô toi qui t'embarques sur mer !*

= Nous citerons encore les interjections هَلُمَّ *viens ici !* que l'on conjugue quelquefois; — ٱللَّهُمَّ *ô mon Dieu !* — لَبَّيْكَ *me voilà !*

CHAPITRE XIV

SYNTAXE DES NOMS DE NOMBRES

L'adjectif وَاحِد, fém. وَاحِدَة, signifie souvent *un seul, même*. Il se place toujours après le substantif ; ex. : اَمْرَأَةٌ وَاحِدَةٌ *une femme, une seule femme ;* شَيْءٌ وَاحِدٌ *une même chose.* وَاحِدٌ بَعْدَ وَاحِدٍ signifie *l'un après l'autre ;* كُلُّ وَاحِدٍ *chacun ;* وَاحِدًا وَاحِدًا *un à un.*

Le mot اِثْنَانِ, fém. اِثْنَتَانِ ou ثِنْتَانِ, s'ajoute quelquefois après un duel pour confirmer ce nombre, et bien préciser qu'il s'agit de deux personnes ou de deux choses ; ex. :

دَفَعَ مِئَتَيْ فرانك اَثْنَتَيْنِ *Il a payé deux cents francs.*

Le nom qui suit les numératifs, de trois à dix, se met au pluriel et au cas indirect ; ex. :

اشْتَرَى خَمْسَةَ ثِيرَانٍ وَعَشْرَ بَقَرَاتٍ *Il a acheté cinq taureaux et dix vaches.*

De onze à quatre-vingt-dix-neuf, le substantif qui suit

le nom de nombre se met au singulier et au cas direct; ex. :

كَانَ مَعَ ٱلسُّلْطَانِ سِتَّةٌ وَسَبْعُونَ فَارِسًا *Il y avait avec le roi soixante-seize cavaliers.*

بَاعَ خَمْسًا وَعِشْرِينَ نَعْجَةً *Il a vendu vingt-cinq brebis.*

Le nom qui suit le numératif مِايَةٌ et le numératif أَلْف se met au singulier et au cas indirect; ex. :

مِايَةُ فَارِسٍ *Cent cavaliers;* الْفُ فَارِسٍ *Mille cavaliers.*

Les numératifs cardinaux prennent l'article s'ils se rapportent à un nom déterminé.

Quant aux nombres ordinaux, ils sont de vrais adjectifs et suivent les mêmes règles; ex. : العَامُ الاوَّلُ *la première année, l'année dernière;* السَّنَةُ الثَّالِثَةُ *la troisième année;* الاشْهُرُ الأُولَى *les premiers mois;* المُسْلِمُونَ الاوَّلُونَ *les premiers musulmans.* Précédant le substantif, ils sont alors employés substantivement et gouvernent le cas indirect; ex. : أَوَّلُ الشَّهْرِ *le premier du mois, le commencement du mois;* أَوَّلُ مَرَّةٍ *la première fois;* ثَانِي مَرَّةٍ *la deuxième fois,* etc. — Ces adjectifs peuvent aussi être employés adverbialement ; ex. : أَوَّلًا *premièrement, tout d'abord ;* ثَانِيًا *secondement, en second lieu,* etc.

Pour exprimer le quantième d'un mois, on se sert des adjectifs numéraux ordinaux ; il en est de même pour indiquer le nombre d'années d'un règne ou la durée de la vie d'un homme ; mais pour exprimer des nombres élevés, on se sert de préférence des adjectifs numéraux cardinaux. — Souvent on se sert, pour désigner les jours du mois, du verbe خَلَا (f. O) s'il s'agit de la première moitié, et du verbe بَقِيَ s'il s'agit de la seconde, de cette manière : لِأَرْبَعِ لَيَالٍ خَلَوْنَ مِنْ شَهْرِ شَعْبَانَ *le 4 du mois de Cha'ban* (m. à m. : *à quatre nuits étant écoulées du mois de Cha'ban) ;* لِثَلَاثِ لَيَالٍ بَقِينَ مِنْ صَفَرَ *le 27 du mois de Safar* (m. à m. : *à trois nuits restant du mois de Safar).* Nous ferons remarquer que, pour les Arabes, le jour compte de la veille au soir au lendemain soir (1).

(1) Voy. notre *Manuel de l'Arabisant,* Ire partie, p. 15.

CHAPITRE XV

DE L'ANALYSE GRAMMATICALE

Les personnes qui désirent arriver à une connaissance rapide et sûre de la grammaire, doivent s'exercer à l'analyse. Voici, d'après nous, comment il faut procéder :

Reconnaître la nature du mot (dire si c'est un *nom*, un *verbe* ou une *particule*).

Si c'est un *nom*, dire à quoi on le reconnaît, à quelle espèce il appartient. Si c'est un *substantif*, un *adjectif*, un *participe*, etc., indiquer le genre, le nombre, le cas, s'il est déterminé ou indéterminé, la fonction.

Si c'est un *verbe*, dire à quoi on le reconnaît, à quel temps il est. Indiquer la voix, la personne, le genre, le nombre, la forme, la racine (régulière ou irrégulière). Si le verbe est au prétérit, indiquer à quoi on le reconnaît; s'il est à l'aoriste, préciser quel aoriste et donner la raison de l'emploi de tel ou tel temps.

Si c'est une *particule*, dire si c'est une conjonction, une préposition, etc.; indiquer son influence sur le mot suivant.

MODÈLES D'ANALYSE

PAGE 149, LIGNE 13

قَالَ verbe au prét. (voix act.), 3ᵉ pers. masc. sing. de la Iʳᵉ f. Racine concave قال.

يُوسُفُ nom propre, masc. sing., au nomin. indét. Il est au nomin. comme sujet de قال, et indéterm. comme n'ayant pas d'art. ni de compl. Seulement ce nom, appartenant à la catégorie des mots diptotes, ne prend pas le tanouïne.

لِأَبِيهِ لِ prép. — أَبِي, subst. masc. sing., au cas indir. déterm.; au cas indir. à cause de la prép. لِ, déterm. à cause du pron. aff. هِ, 3ᵉ pers. du masc. sing., se rapportant à يوسف. Ce pron. a pris la voyelle ـِ parce qu'il est précédé d'un ي de prolongation.

PAGE 149, LIGNE 16

إِنِّي composé de إِنَّ, particule du cas dir., et du pron. aff. ي, 1ʳᵉ pers. masc. sing.

أَرَانِي composé de أَرَا (pʳ أَرْأَى), verbe à l'aor. ind. (voix act.), 1ʳᵉ pers. du masc. sing., Iʳᵉ f., racine رَأَى; et de ني, pron. aff. 1ʳᵉ pers. masc. sing., compl. dir. de أَرَا.

اعصِرُ verbe à l'aor. ind. (voix act.), 1re pers. masc. sing., Ire f. Racine rég. عصر.

خمرًا subst. fém. sing., au cas dir. indét. Au cas dir. comme compl. de اعصر ; indét. parce qu'il n'a pas d'art. ni de compl.

PAGE 150, LIGNE 6

سَمَّيْتُمُ verbe au prét. act., 2e pers. masc. plur., IIe f. Racine déf. سما. Le son *ou* que porte le م final a été ajouté pour la liaison (1).

الأَسْمَاءَ subst. masc. plur., au cas dir. determ. Au cas dir. comme compl. dir. du verbe préc., et determ. à cause de l'art. (Sing. ٱسْم.)

أَنْتُمْ pron. pers. isolé, sujet de سَمَّيْتُم.

وَ conjonction.

آبَاؤُكُمْ subst. masc. plur., au nominat. determ. Au nomin. comme sujet du verbe préc., qui s'accorde avec le pron. أَنْتُمْ de la 2e pers.

---

(1) Lorsqu'un mot terminé par un djezm est suivi d'un ouesla, on donne à la dernière lettre du mot une voyelle, qui est : un *fath'a*, pour les mots مَعْ, مِنْ et مَنْ, suivis de l'article ou du mot آيْمُن ; — un *d'amma*, pour la terminaison تُمْ du prétérit et du pronom personnel isolé, pour les pronoms affixes كُمْ et هُمْ, pour le mot مُذْ (depuis que), et pour les personnes du pluriel des verbes défectueux ayant un djezm sur le و ; — un *kesra*, dans tous les autres cas.

Déterminé à cause du pron. aff. كُمْ de la 2e pers. du masc. plur.

PAGE 150, LIGNE 12

آسْتَيْأَسَ verbe au prét. act., 3e pers. masc. sing., Xe f. Rac. يَئِسَ, assimilée et hamzée. Le verbe est au sing. parce qu'il précède son sujet.

آلرُّسُلُ subst. masc. plur. Au nomin. comme sujet du verbe préc., qui est resté au sing.; et déterm. à cause de l'art. (Sing. رَسول.)

وَظَنُّوا conjonc. et verbe au prét. act., 3e pers. masc. plur., Ire f. Racine sourde ظَنَّ.

أَنَّهُمْ composé de أَنَّ, particule du cas dir., et du pron. aff. هُمْ de la 3e pers. masc. plur.

قَدْ particule qui se met ordinairement devant le prétérit.

كُذِبُوا verbe au prétérit passif, 3e pers. masc. plur. Ire forme. Racine régulière كَذَبَ.

PAGE 150, LIGNE 17

عَلَى préposition.

آللّٰهِ subst. masc. sing., au cas indir. déterm. Au cas indir. à cause de la prép. عَلَى; déterm. à cause de l'art. — Ce mot s'écrit régulièrement إِلَاهٌ, et, avec l'art., آلْإِلَاهُ, dont on supprime les deux alifs du milieu pour désigner *Dieu*, أَللّٰه.

فَلْيَتَوَكَّلْ فَ conj.; لِ particule qui gouverne le condit. et qui, précédée de فَ ou de وَ, peut prendre un *djezm;* يتوكّل verbe à l'aor. condit. act., 3e pers. masc. sing., Ve f. Racine assimilée وَكَلَ. Au singulier parce qu'il précède son sujet.

آلْمُتَوَكِّلُونَ part. prés., au plur. masc. rég. Au nominatif comme sujet du verbe précéd., déterm. à cause de l'art. Ve f. Racine assimilée وَكَلَ.

PAGE 152, LIGNE 5

سَوَّلَتْ verbe au prét. act., 3e pers. fém. sing., IIe f. Racine concave سول. Au fém. sing. parce qu'il a pour sujet un plur. irrég. : أَنْفُسُ.

لَكُمْ لِ prép. qui prend la voyelle *a* lorsqu'elle est accompagnée du pron. aff.; suivie du pron. aff. de la 2e pers. masc. plur.

أَنْفُسُكُمْ subst. fém. plur., au nomin.; déterm. à cause du pron. aff.; sujet de سَوَّلَتْ. (Sing. نَفْس.)

أَمْرًا subst. masc. sing., au cas dir. comme compl. dir. de سَوَّلَتْ; indét. comme n'ayant pas d'art. ni de compl.

PAGE 152, LIGNE 11

آبْيَضَّتْ verbe au prét. act., 3e pers. fém. sing., IXe f. Racine concave بيض. Au féminin singulier comme ayant pour sujet un nom au duel.

عَيْنَاهُ هُ de la fin est le pron. aff. 3e pers. masc. sing. Le mot qu'il accompagne est un subst. fém. duel, au nomin. déterm. Le ن final du duel (عَيْنَانِ) a été retranché, à cause du pron. aff. هُ qui détermine le nom. Celui-ci est au nomin. comme sujet de ابيضّت.

مِنَ prép. Le fatha a été ajouté sur le ن, à cause du *ouesla* qui commence le mot suivant.

آلْحُزْنِ subst. masc. sing., au cas indirect, compl. de من.

PAGE 154, LIGNE 6

لَمَّا conjonction.

سَمِعَتْ verbe au prét. act., 3e pers. fém. sing., Ire f. Racine régulière سمع.

بِ préposition.

مَكْرِهِنَّ subst. masc. sing., au cas indirect comme compl. de la prép. بِ; déterm. à cause du pron. aff. هِنَّ, 3e pers. fém. plur.

أَرْسَلَتْ verbe au prét. act., 3e pers. fém. sing., IVe f. Racine régul. رسل.

إِلَيْهِنَّ prép. إِلَى (Voy. p. 123) et pron. هُنَّ.

وَأَعْتَدَتْ conjonct. et verbe au prét. act., 3e pers. fém. sing., IVe f. Racine régul. عتد.

لَهُنَّ prép. لِ et pron. هُنَّ.

مُتَّكَأً part. passé employé substantivement, au cas dir. indét., compl. dir. de اعتدت, venant de la VIIIe f. Racine assimilée وَكَأَ (*Voy. p. 60, ligne 3*).

PAGE 156, LIGNE 12

كَذَلِكَ composé de كَ, prép., et du pron. démonstr. masc. sing. ذَلِكَ (*comme cela, ainsi*).

يَجْتَبِيكَ le كَ final est le pron. aff. de la 2e pers. du masc. sing., complém. de يَجْتَبِي, verbe à l'aor. indic. actif, 3e pers. masc. singul., VIIIe f. Racine défect. جبى.

رَبُّكَ subst. masc. sing., au nomin. comme sujet du verbe précéd. ; déterm. à cause du pron. aff. كَ, 2e pers. masc. sing.

وَيُعَلِّمُكَ conjonct. et verbe à l'aor. indic. act., 3e pers.

masc. sing., IIe f. (racine rég. علم), suivi du pron. كَ.

مِنْ préposition.

تَأْوِيلِ nom d'act. employé substantivement, masc. sing., au cas indir. déterm., compl. de la prép. من ; gouverne le subst. suivant. Ce mot vient de la IIe f. Racine hamzée et concave أول.

الأَحادِيثِ subst. masc. plur., au cas indir. dét., compl. du nom préc. Ce plur. est formé du plur. أَحْدَاثٌ *(Voy. p. 107, ligne 5)*; le sing. est حَدِيثٌ.

وَيُتِمُّ conjonct. et verbe à l'aor. indic. act., 3e pers. masc. sing., IVe f. Racine sourde تمّ.

نِعْمَتَهُ subst. fém. sing., au cas dir. dét., compl. dir. du verbe précéd. ; هُ, pron. aff., 3e pers. masc. sing.

عَلَيْكَ prép. عَلَى *(Voy. p. 123)* et pron. aff. كَ.

PAGE 159, LIGNE 6

لَنْ particule gouvernant le subjonctif.

أُرْسِلَهُ verbe à l'aor. subj. act., 1re pers. masc. sing.,

IVᵉ f. (racine régul. رسل), suivi du pron. aff. هُ.

مَعَكُمْ prép., suivie du pron. aff. de la 2ᵉ pers. masc. plur.

حَتَّى particule qui gouverne l'aoriste subjonctif.

تُؤْتُونِ verbe à l'aor. subj. act., 2ᵉ pers. du masc. plur. de la Iʳᵉ f., racine hamzée et déf. أَتَى. Suivi du pron. aff. نِ pour نِي, 1ʳᵉ pers. masc. sing. *(Voy. p. 124, ligne dernière.)*

مَوْثِقًا nom d'act. employé substantivement, masc. sing., au cas dir. indét., compl. de تُؤْتُو. — Le verbe أَتَى gouverne deux noms au cas dir. : celui de la pers. et celui de la chose.

مِنَ préposition.

ٱللّٰهِ subst. masc. sing., au cas indir. dét., compl. de من.

PAGE 160, LIGNE 2

لَا particule qui, avec le sens de défense, gouverne au condit. l'aor. devant lequel elle est placée.

تُخَالِفْ verbe à l'aor. condit. act., 2e pers. masc. sing., IIIe f. Racine rég. خلف. Au condit. à cause de لا.

أَمْرَ subst. masc. singul., au cas direct déterm., compl. du verbe précédent.

ٱلسُّلْطَانِ subst. masc. sing., au cas indirect déterm., compl. du nom précédent.

فَتُعَاقَبَ فَ particule ayant ici le sens de *en sorte que, de peur que,* et gouvernant au subjonctif le verbe تُعَاقَبَ, aor. subj. pass., 2e pers. masc. sing., IIIe f. Racine rég. عقب.

PAGE 162, LIGNE 10

لَا particule gouvernant le conditionnel.

تَقْتُلُوا verbe à l'aor. condit. act., 2e pers. masc. plur., Ire f. Racine rég. قتل. Sous l'influence de la particule précédente.

يُوسُفَ subst. masc. sing., au cas dir. indét., compl. dir. du verbe précédent.

وَأَلْقُوهُ conjonct. et verbe à l'impératif, 2e pers. masc. plur., IVe f. Racine déf. لقى.

فِي préposition.

غَيَابَتِ pour غَيَابَةِ subst. fém. sing., au cas indirect déterm., compl. de la prép. précédente.

الجُبِّ subst. masc. singul., au cas indirect déterm., compl. du nom précédent.

يَلْتَقِطْهُ verbe à l'aor. conditionn. actif, 3e pers. masc. sing., VIIIe f. Racine rég. لقط. Au condit. comme conséquence de la propos. précéd., qui renferme un impératif.

بَعْضُ subst. masc. sing., au nomin. déterm., sujet du verbe précédent.

السَّيَّارَةِ nom collectif.

PAGE 164, LIGNE 6

أُقْتُلُوا verbe à l'impératif, 2e pers. masc. plur., Ire f. Racine rég. قتل. Cet impératif, commençant la phrase, on a donné à l'alif initial un ء avec la voyelle *ou*, parce que le verbe fait fut. O.

يُوسُفَ compl. dir. du verbe précédent.

أَوِ conjonct.; le و, qui porte ordinairement un djezm, a la voyelle ـِ à cause de l'ouesla du mot suivant.

آطْرَحُوهُ verbe à l'impératif, 2e pers. masc. plur., Ire f. Racine rég. طرح. Suivi du pron. aff. 3e pers. masc. sing.

أَرْضًا subst. fém. sing., au cas dir. indét., compl. circonstanciel de اطرحوه ; sous l'influence de فِي, sous-ent.

يَخْلُ verbe à l'aor. condit. act., 3e pers. masc. sing. Ire f. Racine déf. خلو. La forme régulière du mot est يَخْلُوْ ; mais le و, portant un djezm, disparaît. Le verbe est à l'aoriste conditionnel comme dépendant de la prop. précéd., qui renferme un impératif.

لَكُمْ prép. لِ et pron. aff. 2e pers. masc. plur.

وَجْهُ subst. masc. sing., au nomin. déterm., sujet de يَخْلُ.

أَبِيكُمْ subst. masc. sing., au cas indirect déterm., compl. de وَجْهُ ; suivi du pron. aff. 2e pers. masc. plur.

وَتَكُونُوا conj. et verbe à l'aor. condit. act., 2e pers. masc. plur., Ire f. Racine concave كون.

مِنْ préposition.

بَعْدِهِ subst. masc. sing., au cas indirect déterm.,

compl. de مِنْ ; il est employé ici comme prépos. Il est accompagné du pron. aff. de la 3e pers. du masc. sing.

فَوْمًا nom collectif masc. plur., au cas dir. indét., attribut de تكونوا.

صَالِحِينَ part. prés. masc. plur., au cas direct indét. comme se rapportant à فَوْمًا, Ire f. Racine régulière صلح.

PAGE 174, LIGNE DERNIÈRE

لَوْ conjonction.

اسْتَطَعْنَا verbe au prét. act., 1re pers. mascul. plur., Xe f. Rac. conc. طاع. La forme régulière est استطاعْنا, pour آسْتَطْوَعْنَا ; mais la lettre de prolongation doit disparaître, à cause du djezm qui se trouve sur la consonne suivante.

لَخَرَجْنَا لَ particule affirmative ; verbe au prét. act., 1re pers. masc. plur., Ire f. Rac. rég. خرج.

مَعَكُمْ prép. مَعَ, suivie du pron. aff. 2e pers. masc. plur.

PAGE 175, LIGNE 2

لَوْ conjonction.

كَانَ verbe au prétérit actif, 3e pers. masc. sing., Ire f. Racine concave.

يـدْرِي verbe à l'aoriste indicatif actif, 3e pers. masc. sing., Ire f. Racine défect. درى.

مَـا pron. invariable, sujet de la prop. ما المُحاورة.

المُحاوِرةُ nom d'act. IIIe f., employé substantivement, fém. sing., au nomin. déterm. ; attribut de la prop. ما المُحاورةُ. Racine conc. حار. — La proposition ما المحاورة est le complém. dir. de يدْرِي.

اشْـتـكَى verbe au prétérit actif, 3e pers. masc. sing., VIIIe f. Racine défect. شـكـا.

ولَكـان وَ conj. ; لَ particule affirmative ; كـان verbe au prétérit actif, 3e pers. masc. sing., Ire f. Racine concave.

لَـوْ conjonction.

عَـلِـمَ verbe au prétérit actif, 3e pers. masc. sing., Ire f. Racine régulière.

الـكـلامَ subst. mascul. singul., au cas dir. déterm., compl. dir. de عَـلِـمَ.

مُـكَـلِّـمِـي part. présent, au cas dir. déterm., suivi du pron. aff. ي, 1re pers. masc. sing. Ce part. est au cas direct comme attribut du verbe كان ; il vient de la IIe f. d'une racine régul.

PAGE 181, LIGNE DERNIÈRE

تَـوَقَّـنِـي verbe à l'impératif, 2e pers. masc. sing., Ve f.

Racine déf. وفى. La forme rég. est تَوَقَّيْ; mais le ي final, portant un djezm, se retranche. Ce verbe est suivi du pronom affixe نِي, 1re pers. masc. sing.

مُسْلِمًا part. présent de la IVe f. d'une rac. régul.; au cas dir. indét. comme terme circiel d'état.

PAGE 182, LIGNE 6

خَرُّوا verbe au prét. act., 3e pers. masc. plur., Ire f. Racine sourde.

لَهُ composé de la prép. لِ et du pron. aff. 3e pers. masc. sing.

سُجَّدًا part. présent, plur. masc.; au cas dir. indét. comme terme circonstanciel d'état. Le sing. est ساجِد, Ire f. Racine régul.

PAGE 183, LIGNE 14

طِبْ (pour طِيبْ), verbe à l'impératif, 2e pers. masc. sing., Ire f. Racine conc. طاب.

نَفْسًا subst. fém. sing., au cas dir. indét. comme terme spécificatif ou تَمْيِيز.

وَقَرَّ conj. et verbe à l'impér., 2e pers. masc. sing., Ire f. Racine sourde. Cet impératif est tiré de l'aor. subjonc., qui sert également pour l'aor. condit. dans les verbes sourds. La forme régul. serait أَقْرِرْ.

عَيْنًا subst. fém. sing., au cas dir. indét. comme terme spécificatif.

PAGE 183, LIGNE DERNIÈRE

آتَتْ verbe au prét. act., 3e pers. fém. sing., IIIe f. Racine défect. اتى.

كُلَّ nom masc. sing., au cas direct déterm., sous l'influence de إِلَى sous-entendu, complém. de آتَتْ.

وَاحِدَةٍ adj. numér. card., fém. sing., au cas indirect indéterm., compl. de كُلّ.

مِنْهُنَّ composé de la préposition مِنْ et du pron. aff. 3e pers. fém. plur.

سِكِّينًا subst. masc. et fém., au sing., cas dir. indét.; sous l'influence de la prép. بِ, sous-ent., compl. de آتَتْ.

PAGE 184, LIGNE DERNIÈRE

إِنَّ particule du cas direct.

النَّفْسَ subst. fém. sing., au cas dir. déterm., sous l'influence de la particule précédente.

لَأَمَّارَةٌ لَ particule affirmative; أَمَّارَةٌ adj. de la forme فَعَّالَةٌ, indiquant l'intensité, fém. sing., au nomin. indét.; attribut d'une proposition ne renfermant pas de verbe.

بِٱلشَّيْءِ composé de بِ prép., de l'art. et d'un subst. masc. sing., au cas indir. déterm.

PAGE 190, LIGNE 7

شَرَوْهُ verbe au prét. act., 3e pers. masc. plur., Ire f. Racine défect. شرى. Suivi du pron. aff. de la 3e pers. masc. sing.

بِثَمَنٍ composé de بِ et d'un subst. masc. sing., au cas indir. indéterm.

بَخْسٍ adj. qualific., forme فَعْلٌ, au cas indir. indét. comme se rapportant à ثمن.

دَرَاهِمَ subst. masc. plur., au cas indir. indét. comme étant en apposition avec ثمن. Ce mot est privé du tanouïne et de la voyelle du cas indirect, comme appartenant à la catégorie des mots diptotes.

مَعْدُودَةٍ participe passé fém. sing., au cas indir. indét. comme se rapportant à دَرَاهِمَ. Ce participe est mis au féminin singulier, parce que le mot auquel il se rapporte est un pluriel irrégulier de choses.

FIN

TABLE DES MATIÈRES

PAR ORDRE DE CHAPITRES

TABLEAUX

TABLE DES MATIÈRES

PAR ORDRE ALPHABÉTIQUE

ALGER. — TYPOGRAPHIE ADOLPHE JOURDAN.

BRESNIER, ✻, ancien disciple de Sylvestre de Sacy, ancien professeur d'arabe à la chaire publique d'Alger, etc., etc.

Chrestomathie arabe, *Lettres, actes et pièces diverses,* avec la traduction française en regard, accompagnée de notes et d'observations, suivie d'une *Notice sur les successions musulmanes* et d'une *Concordance inédite des Calendriers grégorien et musulman* ; 2e édition, revue, corrigée et augmentée. 1 fort vol. in-8o, *orné d'un magnifique titre arabe, or et couleurs,* type oriental. **9 fr.**

Anthologie arabe élémentaire, choix de maximes et de textes variés, la plupart inédits, accompagnée d'un *Vocabulaire arabe-français,* à l'usage des lycées et des écoles primaires supérieures de l'Algérie. 1 fort vol. in-18, *orné d'un joli titre arabe, or et couleurs,* type oriental. **5 fr.**

Djaroumiya, *Grammaire arabe élémentaire,* de Mohammed ben Dawoud El-Sanhadjy, texte arabe et traduction française accompagnée de notes explicatives ; 2e édition. 1 vol. in-8o. **5 fr.**

CADOZ, huissier à Mascara.

Alphabet arabe ou *éléments de la lecture et de l'écriture arabes.* In-18. **50 c.**

Civilité musulmane ou *Mœurs, coutumes et usages des Arabes,* texte arabe de l'Imam Essoyouthi, traduction française en regard du texte, suivie d'une autre traduction du mot à mot et de notes explicatives. In-18. **1 fr. 50**

Le Secrétaire algérien ou le *Secrétaire français-arabe de l'Algérie,* contenant des modèles de lettres et d'actes sur toutes sortes de sujets ; un recueil de proverbes, des explications grammaticales, etc. 1 vol. in-18. **1 fr. 50**

DELAPORTE, ✻, ancien chef du Bureau arabe départemental.

Guide de la conversation arabe-française ou *Dialogues,* avec le mot à mot et la prononciation interlinéaires figurés en caractères français ; 3e édition, corrigée et augmentée. 1 vol. in-8o, oblong. **7 fr.**

Cours de versions arabes (idiome d'Alger), divisé en deux parties ; *Fables de Lokman,* avec le mot à mot et la prononciation interlinéaires figurés en caractères français ; *Fables choisies d'Ésope* ; 3e édition. 1 vol. in-8o. **5 fr.**

EILLE, ancien directeur de l'école arabe-française.

éthode de lecture et de prononciation arabes Manuel). **1 fr.**

es tableaux de la méthode de lecture *et de prononciation arabes.* Sept grands tableaux. **3 fr.**

...prète de l'état-major général à Alger.

uide de la lecture des manuscrits arabes. 1 vol. grand in-8°, jésus. **5 fr.**

RIN, ✻, ancien interprète militaire.

a Clef du langage arabe ou *Premier livre de l'arabisant.* vol. in-8°. **2 fr. 50**

MELET, C. ✻, colonel.

ou-Farik. *Une page de l'histoire de la colonisation algérienne;* e édition. 1 vol. grand in-18. **4 fr.**

ida. *Récits selon la légende, la tradition et l'histoire.* 2 vol. grand in-18. **7 fr.**

OT, O. ✻, lieutenant-colonel.

eurs, Coutumes et Institutions des Indigènes e l'Algérie; 3e édition. 1 vol. grand in-18. **3 fr. 50**

IL (Maurice) et MOLINER-VIOLLE.

ographie élémentaire de l'Algérie, adopté pour s écoles de la ville de Paris et de l'Algérie. 1 vol. in-32, artonné. **75 c.**

tlas de la géographie élémentaire de l'Algérie, lopté pour les écoles de la ville de Paris et de l'Algérie. vol. in-8°, oblong. **1 fr. 25**

es deux ouvrages ci-dessus ensemble. **1 fr. 50**

L (Maurice), ancien élève de l'École normale supérieure, ofesseur agrégé d'histoire et de géographie au lycée d'Alger.

nt lectures, morceaux choisis sur l'Algérie, à l'usage des cées, collèges, écoles primaires, etc., etc. vol. in-12, carnné. **90 c.**

www.ingramcontent.com/pod-product-compliance
Ingram Content Group UK Ltd.
Pitfield, Milton Keynes, MK11 3LW, UK
UKHW051019210726
13857UKWH00006B/607